Le virage

Du même auteur
chez Guy Trédaniel Éditeur

CHANGEZ VOS PENSEES, CHANGEZ VOTRE VIE :
LA SAGESSE DU TAO
VIVRE LA SAGESSE DU TAO

LA FORCE INVISIBLE : 365 FAÇONS D'APPLIQUER
LE POUVOIR DE L'INTENTION DANS VOTRE VIE

LE POUVOIR DE L'INTENTION

ARRÊTEZ DE VOUS TROUVER DES EXCUSES ! :
COMMENT CHANGER SES MAUVAISES HABITUDES

Du même auteur
aux Éditions J'ai lu

LES DIX SECRETS DU SUCCÈS
ET DE LA PAIX INTÉRIEURE
N° 7380
LE POUVOIR DE L'INTENTION
N° 8117
LES NEUF LOIS DE L'HARMONIE
N° 8748
IL EXISTE UNE SOLUTION SPIRITUELLE
À TOUS VOS PROBLÈMES
N° 8897
IL FAUT LE CROIRE POUR LE VOIR
N° 9239
INSPIRATION
N° 9905
LA SAGESSE DES ANCIENS
N° 10453
VOS ZONES ERRONÉES
N° 10580
CHANGEZ VOS PENSÉES, CHANGEZ VOTRE VIE
N° 10840

DR WAYNE W.

DYER

Le virage

Traduit de l'anglais (États-Unis)
par Josée Guévin

J'AI LU

Collection dirigée
par Ahmed Djouder

Note de l'éditeur : la traduction de cet ouvrage a été réalisée par un traducteur québécois. Par respect du droit de la propriété intellectuelle, nous avons pris le parti de laisser les termes propres à la traduction originale.

Titre original
THE SHIFT

Éditeur original
Hay House

« Il y a la terre des vivants et
la terre des morts, et le pont
qui relie les deux est l'amour, le
seul survivant, le seul sens. »

– *The Bridge of San Luis Rey*,
de Thorton WILDER

À Reid Tracy.
Je suis vraiment reconnaissant
que nous ayons partagé
cette vision ensemble...

SOMMAIRE

INTRODUCTION

J'ai eu récemment le plaisir de voir un documentaire très intéressant intitulé *Hasten Slowly : The Journey of Sir Laurens van der Post*. Sir Laurens a séjourné longtemps chez les indigènes du Kalahari pour y recueillir leurs histoires. À mes yeux, son extraordinaire perspicacité résume en quelques brefs paragraphes le vœu essentiel de presque tous les humains :

Les Bushmen du désert de Kalahari parlent de deux sortes de « soif ».
Il y a la Grande Soif et la Petite Soif.
La Petite Soif revient à se désaltérer, tandis que la Grande Soif, la plus grande de toutes, c'est la soif de sens...

Ultimement, il n'y a qu'une seule chose qui rende les êtres humains profondément amers, c'est de s'imposer une vie sans signification...
Il n'y a rien de mal à rechercher le bonheur...
Mais pour le confort de l'âme...

il existe quelque chose de plus grand que le bonheur ou le malheur, et c'est le sens.

Car le sens transfigure tout...

Lorsque ce que vous faites a un sens pour vous,

il importe peu que vous soyez heureux ou malheureux. Car vous êtes alors serein – vous n'êtes pas seul en esprit – vous avez un sentiment d'appartenance1.

(Sir Laurens van der Post, dans *Hasten Slowly*, un film de Mickey Lemle)

Comme la citation le dit de manière éloquente, « la Grande Soif, la plus grande de toutes, est la soif de sens ». *Le Virage* est une invitation – à la fois dans ce livre et dans le film qui l'accompagne – à explorer le moyen de s'éloigner d'une vie sans but, afin de se rapprocher du sens et de la raison d'être.

Voilà plusieurs années que j'aide les gens (y compris moi-même) à atteindre leur plein potentiel. J'ai accompli maintenant presque 70 voyages autour de notre Soleil, et la chose qui ressort clairement, c'est que chacun de nous est en quête de sens et d'une raison d'être. Dans ce livre, je révèle ce qui semble nécessaire pour parvenir à un état de conscience, à un éveil illuminé pour nourrir une vie pleine de sens.

*

* *

Quand le film, dont ce livre est le complément, a été porté à l'écran, il était intitulé *Ambition to Meaning*, mais beaucoup de gens ne comprenaient pas bien le sens de ces mots, ni le sujet du film. Il semble que le titre portait à confusion et pouvait laisser penser que j'avais réalisé un documentaire ou simplement transposé une de mes conférences à l'écran.

Au cours de la tournée de promotion nationale, durant laquelle le film a été présenté à des publics sélectionnés, j'ai donné mon point de vue au réalisateur et au producteur délégué à propos du titre. J'ai dit : « J'adore ce film, mais si c'était à refaire, je lui donnerais un autre titre. Je l'intitulerais *The Shift*, parce que le terme est utilisé tout au long et que c'est ce qu'une personne doit faire pour passer de l'ambition vers le sens ». Pour mon plus grand plaisir – et grâce au réalisateur et au producteur – le film portait un nouveau titre dans la semaine suivante. Par ailleurs, cette notion de passer de l'ambition au sens ne devait pas se perdre pour autant.

Quand je me suis demandé comment présenter ce message essentiel dans le livre servant de complément au film, une méditation profonde m'a amené à utiliser l'expression dans le soustitre. C'est précisément le résultat que vous tenez entre vos mains.

Au cours de ce glorieux voyage humain vers le stade adulte, chacun doit vivre des virages, des transitions. Nous irons, espérons-le, au-delà des deux premiers passages obligés pour nous diriger vers des changements de conscience menant à une vie remplie de sens. Qu'est-ce que j'entends par là ?

Le premier passage que nous franchissons tous consiste à passer du non-être à l'être ; de l'esprit à la forme ; de l'invisible au monde concret. Voilà pourquoi le premier chapitre s'intitule « De... » À mon humble (et, je suis certain, imparfaite) façon, j'ai tenté de caractériser l'indéfinissable au moyen de mots et d'expressions qui sont de piètres symboles de ce qui défie la description. Néanmoins, je suis parvenu à saisir à quoi ressemble ce monde de l'esprit invisible, d'où viennent toutes choses et où elles retournent.

L'étape suivante consiste à quitter « L'ambition », et voilà pourquoi c'est le titre du deuxième chapitre. L'ambition est l'étape durant laquelle nous acceptons un ego qui se situe à l'opposé du lieu de l'esprit d'où nous venons. Dans ce contexte, l'ego représente notre faux moi.

Ce sont là les deux changements majeurs et obligatoires que nous effectuons durant notre parcours humain. Bon nombre d'entre nous arrivent à la fin de leur vie après n'avoir fait que ces deux virages. L'ambition, malheureusement, est souvent la fin de l'histoire d'une vie. Dans mon film, et dans ce livre, je propose deux virages supplémentaires accessibles à chacun. Lorsque nous les effectuons, la « vie dont le sens est absent », à laquelle se réfère Sir Laurens, n'est pas la fin de l'histoire. Nous pouvons tous choisir de passer au-delà de la deuxième transition de l'ambition menée par l'ego.

Le troisième chapitre est intitulé « Vers... », ce qui signifie arriver dans un lieu de notre esprit où nous prenons conscience d'avoir le choix de faire demi-tour, de tourner le dos au faux moi, pour prendre la direction de nos origines. Cette nouvelle étape du voyage est un retour à l'esprit et une invitation au royaume divin invisible pour remplacer la domination de l'ego. Nous apprenons à dompter l'ego en nous dirigeant vers une vie pleine de sens et de raison d'être, guidés par la source de notre être.

Le virage décrit au chapitre 4 est le « Sens ». En abandonnant le faux moi pour entreprendre le retour à la Source, tandis que nous sommes encore en vie, nous adoptons un tout autre mode de vie basé sur un nouvel ensemble de directives. Nous découvrons que les lois du monde matériel ne s'appliquent pas nécessairement, en présence du *sens* qui est encouragé par notre virage vers la Source. La manifestation de miracles et la découverte récente de la synchronicité commencent à garnir le paysage de la vie. En effet, le sens définit dorénavant tous les moments de notre existence.

Suivant mon expérience, l'ambition de l'ego est malheureusement le but ultime d'un grand nombre de vies. Pourtant, il y a des signes à relever, signalant ces deux virages supplémentaires, qui nous libèrent de l'illusion du confort de l'ego. Nous pouvons faire demi-tour et revenir au lieu de l'esprit, dans un troisième virage. Puis, dans le quatrième, réaliser une vie pleine de sens en consacrant notre ambition à l'épanouissement de notre moi authentique. Nous pouvons réaliser notre mission suprême lorsque nous entreprenons consciemment le cheminement de l'ambition vers le sens. Nous pouvons transformer nos vies individuellement et, en prime, influencer du même coup la destinée de notre planète sacrée.

Je vous envoie mes pensées les plus tendres,

Dr Wayne W. Dyer

Maui, Hawaï

CHAPITRE 1

DE...

Et votre corps est la harpe de votre âme, et il vous appartient d'en tirer une musique douce ou des sons confus.

Kahlil Gibran[1]

D'aussi loin que je me souvienne, j'ai toujours eu une nature contemplative. Quand j'étais petit, je me posais des questions sur la vie sans vraiment trouver de réponses concrètes. Ma première tentative pour comprendre la mort a eu lieu lorsque M. Scarf, le mari dans le couple qui dirigeait le foyer d'accueil où mon frère David et moi habitions, est décédé. Après nous avoir informés de la mort de son mari, Mme Scarf nous a donné à chacun une banane, pour nous distraire de son chagrin. J'ai aussitôt demandé : « Quand reviendra-t-il ? » Sa réponse en un seul mot m'a intrigué. « Jamais », a-t-elle dit en essuyant les larmes sur ce qui m'est apparu comme son ancien visage.

1. *Le prophète,* de Khalil Gibran, publié par Casterman.

J'ai immédiatement grimpé dans mon lit, celui du dessus, pelé ma banane et essayé de saisir ce que *jamais* voulait dire. Je pouvais imaginer des débuts et des fins, comme le jour et la nuit, qui commencent puis qui finissent, ou Mme Scarf allant à son travail pour ensuite rentrer à la maison. De façon rudimentaire, je reconnaissais la relation de cause à effet, comme les fleurs sur les arbres fruitiers qui se transforment en pommes ou en cerises. Mais je n'arrivais pas à comprendre comment il se pouvait que M. Scarf ne revienne jamais. Cela a totalement troublé ce que je percevais à cet âge comme étant le cours naturel des choses. Je suis resté allongé en fixant le plafond, cherchant à comprendre comment M. Scarf pouvait avoir disparu pour toujours.

Chaque fois que je pensais à lui qui n'allait jamais revenir, j'avais la nausée. Mes pensées allaient alors vers des questions plus agréables et plus concrètes, comme « Quand allons-nous dîner ? » ou « Où est ma voiturette ? » Toutefois, mon esprit inquisiteur naturel continuait à examiner la mystérieuse et inexplicable notion de « pour toujours », et j'avais aussitôt ces désagréables papillons dans l'estomac, que je ressens même encore aujourd'hui en rédigeant ces lignes. Depuis la mort de M. Scarf, j'ai écrit 34 livres et donné des milliers de conférences sur l'importance de la vie spirituelle, et je ressens encore cette même nausée, quand je me rappelle ces souvenirs d'enfance où j'essayais de comprendre le sens de la vie lorsqu'il n'y a plus d'enveloppe corporelle.

En poursuivant mes activités d'écriture et de conférences, tout au long de ces nombreuses années, je suis resté intrigué par ce que j'appelle les « grandes questions ». J'ai étudié les maîtres spirituels et philosophiques de l'Orient et de l'Occident, aux temps anciens comme aux temps modernes, qui ont exploré – et, dans plusieurs cas, vécu – les vérités que nous percevons comme notre héritage spirituel. J'aime beaucoup réfléchir à ces questions qui intriguent l'humanité depuis aussi longtemps que l'Histoire est consignée (et, fort probablement, même avant). Le mystère de la vie demeure fascinant et excitant à mes yeux. J'aime côtoyer ce qui ne n'a pas de réponse, mais je me sens également en paix avec cette énigme.

L'une des grandes questions existentielles est : « Qui suis-je ? » Une partie de la réponse est que je suis un corps aux caractéristiques mesurables. En effet, j'ai un nom, des talents et des réalisations, mais ce que je suis renferme aussi une présence intangible qui fait partie de moi, je le sais. Cet aspect de moi ne comporte pas de frontières perceptibles ni de forme visible. Un mot pour décrire cet aspect non physique est *l'esprit*, avec sa gamme infinie de pensées invisibles qui bouillonnent dans le corps physique.

Ma réponse personnelle à la question « Qui suis-je ? » est que je suis une part de la Source toute créatrice que l'on connaît sous de nombreux noms, soit Dieu, l'Esprit, la Source, le Tao, l'Esprit divin, etc. Même si je ne peux ni la voir ni la toucher, je sais que j'en fais partie, parce que je dois forcément être semblable à d'où je viens, et d'où je viens est un néant sans forme qui a pris forme. Par conséquent, je suis à la fois cet esprit invisible qui est la source de tout et, simultanément, la forme destinée à retourner à l'invisible.

D'autres grandes questions auxquelles j'ai dû faire face sont : « Que se passe-t-il, après la mort de ma forme ? », « Quelle est ma raison d'être ? », « À quoi ressemble *pour toujours* ? », « Qui est Dieu ? ». Je ne prétends pas détenir des réponses définitives à ces interrogations. Si de grands esprits comme Lao-tzeu, Socrate, Bouddha, Rousseau, Descartes, Einstein, Spinoza, Saint-François, Patanjali, Goethe, Shaw, Whitman ou Tennyson (parmi des tas d'autres) n'ont pas pu trouver de réponses définitives, je ne suis certainement pas en mesure d'éclaircir tous ces mystères dans un livre, ni même au cours d'une vie. Je ne peux qu'offrir ma propre interprétation de ce que j'ai appris au fil de mes études, de mon vécu et de mes efforts pour établir un contact conscient avec la source de mon être et avec ce que je pense être la source de tout dans ce monde matériel.

La seule question qui m'intrigue et me trouble plus que toutes les autres, d'aussi loin que je me souvienne – celle qui transcende

« Qui suis-je ? Quelle est ma raison d'être ? Que se passe-t-il, après la mort ? Qui est Dieu ? » – correspond au titre de ce premier chapitre, « De ». « D'où est-ce que je viens ? » Pour moi, cette question demeure *vraiment* la plus grande de toutes.

D'où est-ce que je viens ?

Lorsque je songe aux événements qui se sont produits, et aux gens qui ont existé avant mon arrivée sur Terre en 1940, je suis intrigué par ce qui a déterminé ma naissance à ce moment-là plutôt qu'à un autre. Où étais-je, avant ma conception, en 1939 ? Que faisais-je, aux XIIe et XIIIe siècles, à l'époque des Croisades ?

Où étais-je, en 2500 avant J.-C., lors de la construction des pyramides ? Qui étais-je ou où étais-je, il y a des millions d'années, avant même l'apparition des êtres humains sur cette planète où les dinosaures la peuplaient ? Me poser des questions de cette nature m'a amené à étudier de près la science qui expliquait comment les choses prenaient forme. Même si je ne suis pas un spécialiste dans ce domaine, voici ce que j'ai appris.

La physique quantique considère le fait suivant comme scientifiquement irréfutable : au plus infime niveau subatomique, les particules elles-mêmes ne proviennent pas d'une particule. Cela signifie que la matière provient de quelque chose qui n'a pas de forme. Les scientifiques appellent « énergie » l'absence de forme qui produit de la matière. Cette énergie non matérielle a produit la particule qui est devenue qui je suis, aujourd'hui. Je considère cela comme « un passage de l'énergie à la forme », et, au cours de votre lecture, je vous invite à réfléchir aux passages que vous avez franchis, qui ont forgé qui vous êtes, et où vous êtes en ce moment.

Je pense au petit point de protoplasme humain qui a été ma toute première particule d'humanité comme faisant partie d'une sorte de « traction vers le futur » qui s'est transformé en fœtus, puis en nourrisson, en bébé, en petit garçon, en adolescent, en jeune homme, en adulte, en homme de 50 ans, et maintenant de 70 ans. Tous ces passages étaient inhérents à cette énergie d'origine qui s'est matérialisée en particule microscopique pour devenir moi.

Cela dépasse mes capacités de parvenir à comprendre comment un déroulement aussi miraculeux pouvait avoir lieu dans la formation de qui je suis comme être physique. Mais je crois cependant que cela s'est passé indépendamment de ma capacité à y faire quoi que ce soit sinon observer simplement mon développement. Je n'y suis absolument et strictement pour rien. Il me paraît plus authentique de simplement m'observer mû par cette énergie créatrice toute-puissante qui semble ne rien faire et, en même temps, ne laisse rien en plan. Alors, d'où vient ce minuscule point microscopique qui a représenté ma première expérience comme particule ?

Rappelez-vous que la physique quantique nous dit catégoriquement que les particules ne proviennent pas des particules. Si nous réduisons cette particule originelle à son état subatomique, elle est plus petite que les chromosomes, les atomes, les électrons dans l'atome, et même que les particules subsubatomiques appelées « quarks ». Les scientifiques ont placé un quark de la taille de mon point d'origine dans un accélérateur de particules, lancé à 400 000 kilomètres à l'heure, et l'ont fait entrer en collision avec un autre quark. Résultat ? Il n'y avait rien. Il apparaît que rien n'existe au moment de la transition vers quelque chose. Autrement dit, on passe du néant à quelque chose. Tout ce qui existe dans le monde du « de » est de la pure énergie sans forme, aucune particule.

La physique moderne confirme la métaphysique de la Genèse, qui nous dit que tout est venu de Dieu et que tout est bien. De façon semblable, le Tao-tê-king nous dit que chaque être provient du non-être. Par conséquent, la question de savoir d'où nous venons trouve la même réponse en physique et en métaphysique. Les deux sciences concluent que nous provenons de quelque chose qui n'a pas de forme, pas de frontières, pas de début et pas de substance. Nous sommes tous essentiellement des êtres spirituels vivant une expérience humaine temporaire. C'est notre essence. C'est de là que nous venons.

Nous sommes d'où nous venons

Dans le film *The Shift*, j'ai une brève conversation avec quelques personnages au sujet de ce concept clé : « Tout dans le monde matériel doit être semblable à d'où il vient, y compris chacun d'entre nous. » Dans le film, je parle d'une part de tarte aux pommes et je demande « À quoi ressemble cette part de tarte ? » La réponse évidente est qu'elle ressemble à une tarte aux pommes, puisqu'elle provient de la tarte. Il s'agit là d'un concept familier, si nous songeons à un prélèvement sanguin en vue d'un diagnostic. Un simple échantillon de sang fournit aux médecins toute l'information nécessaire au sujet du patient. Pourquoi ? Parce que l'échantillon doit forcément être semblable à d'où il vient.

J'applique cette logique à moi-même et à vous également. Puisque je ne viens pas de mes parents, ce n'est pas une conclusion logique de déclarer que je doive être comme eux. Puisque je ne viens pas de ma culture, de ma religion ni de quoi que ce soit dans ce monde, il ne va pas de soi que je suis semblable à mon environnement ou à la société dans laquelle je vis. Mais comme je viens d'une source d'énergie invisible que certains nomment Dieu ou le Tao ou l'Esprit divin, je dois donc être semblable à d'où je viens. Ma conclusion, au sujet de mon origine, est que je viens de l'Esprit, et ma véritable essence est que je suis d'où je viens. Je suis une part divine de Dieu. Je suis d'abord, et toujours, un être spirituel inextricablement connecté à la source de mon être.

Robert Burns a résumé cela poétiquement dans son poème *New Year's Day*, écrit en 1791 :

La voix de la Nature crie haut et fort, Et de nombreux messages des cieux nous disent, Que quelque chose en nous ne meurt jamais[1].

(Traduction libre)

Ce qui est sans forme ne peut pas être détruit. L'aspect informe de tous les êtres existe dans l'éternité, insensible aux débuts et aux fins. La vérité semble être que notre essence est éternelle, et que seul le corps physique va et vient, dans le cycle de la naissance et de la mort. Ce que nous appelons la naissance et la mort sont en fait aussi indissociables que les deux faces d'une pièce de monnaie, ou que le jour et la nuit. La question « D'où est-ce que je viens ? » ne s'adresse vraiment qu'au « je » qui représente le corps physique. Mais cet aspect physique tient son origine du non-être.

Nous sommes exactement comme le grand Tao ou Dieu, et nous avons la liberté de faire des choix. Certains d'entre eux contaminent notre lien à la Source et le détériorent. L'un de ces choix, peu brillant, consiste à croire que l'expression de Dieu, à travers notre moi

---

1. *Random House Webster's Quotationary*, de Leonard Frank, publié par Random House.

physique, est un point final, ou le dernier, plutôt qu'une occasion de choisir comment exprimer ce cadeau. De cette manière, nous nous éloignons de Dieu et créons une vie dirigée par l'ego. La grande leçon de ce voyage philosophique est de reconnaître notre identité primaire comme une entité spirituelle éternelle, par conséquent insensible à la naissance comme à la mort.

Notre moi physique est une expression sous la forme de l'énergie de notre essence spirituelle. Notre moi véritable est l'observateur aimant de nos expériences sensorielles. Afin d'être en parfaite harmonie avec cette nature essentielle, nous devons nous consacrer à en exprimer l'énergie et être entièrement conscients du choix sacré que nous faisons. Pour certains, cela signifiera ressembler davantage à Dieu, pendant qu'ils habitent temporairement leur corps ; pour d'autres, ce sera de créer des expressions divines de beauté, de sens et de sagesse dans sa forme.

Le parcours humain, dans sa forme physique, n'est qu'une parenthèse dans l'éternité de notre moi véritable. Lorsque la parenthèse se ferme, nous nous retrouvons plongés dans l'esprit dépourvu du moi matériel. Nous sommes en train de faire ce voyage aller-retour auquel Lao-tzeu fait allusion dans sa célèbre phrase du 40e verset du Tao- tê-king : « Le retour au non-être (produit) le mouvement du Tao ». Dans le film *The Shift*, je cite T.S. Eliot dans son poème *Little Gidding* :

Nous ne cesserons pas notre exploration Et le terme de notre quête Sera d'arriver là d'où *nous* étions partis *Et de savoir le lieu pour la première fois*[1].

(Traduction de Pierre Leyris)

Mais avant de nous défaire de notre corps physique et de terminer le voyage, nous pouvons commencer à comprendre notre nature originelle en faisant l'effort de ressembler davantage à ce que nous imaginons comme étant la source de notre être.

Une façon de conceptualiser cela consiste à imaginer regarder à travers un viseur qui offrirait une image claire de la source créatrice. À travers ces lentilles, nous voyons comment elle pense, ce qu'elle ressent et comment elle agit. Cette vision de notre source nous donne un meilleur aperçu de notre moi véritable.

Comprendre la réponse à la question « D'où est-ce que je viens ? » implique, d'abord et avant tout, d'essayer de vivre depuis une perspective en rapport avec notre nature originelle. Nous devons ressembler davantage à la nature spirituelle de notre origine. En reconnaissant l'expression de la conscience divine qu'est notre corps physique, nous choisissons alors la façon d'exprimer cet esprit divin.

1. *Four Quartets*, de T. S. Eliot, publié par Harcourt, Inc.

Comment l'esprit semble être

Trop souvent, notre monde physique ne semble pas très spirituel, bien que notre essence originelle le soit. Henry Wadsworth Longfellow a exprimé ce dilemme dans son poème *Le psaume de la vie :*

Vivre est Réalité ! Jamais on ne l'ajourne ! ci-bas le tombeau n'est pas sa fin mortelle. « Tu viens de la poussière, en poussière retourneras. » Ces mots n'ont pas été dits de l'âme immortelle[1].

(Traduction de sir Tollemache Sinclair)

Le poète parle de votre vie et de la mienne comme étant quelque chose au-delà du physique, qu'il décrit comme de la poussière. Nous sommes tous quelque chose d'autre que ce que nous identifions au moyen de nos sens. Il n'existe pas de tombeau pour notre essence – notre esprit – mais nous pouvons passer outre et par conséquent perdre le contact avec celui-ci. De ce fait, il s'agit là d'une situation très courante pour chacun d'entre nous, au cours des différentes périodes de notre vie, quand nous choisissons de confier la responsabilité à notre moi physique.

J'aime beaucoup la façon dont un autre de mes poètes favoris, Rabindranath Tagore, a réussi à décrire, en deux lignes, ce qu'il

1. *Quotationary*.

considère être notre plus importante leçon spirituelle :

> *Dieu aime voir en moi, non son serviteur, mais lui-même, qui est le serviteur de tous*[1].

Les questions importantes que nous devrions nous poser sont : « Est-ce que je ressemble à Dieu en ce moment ? » ; « Est-ce que je m'en approche ? » ; « Ai-je déjà réussi ? »

Si notre véritable essence est l'Esprit, et que nous croyons en être issus, il semble simple de nous reconnecter à cette partie authentique de nous-mêmes. Une façon d'y parvenir implique de transformer nos pensées et nos actions de la manière que nous imaginons que l'énergie créatrice pense et agit, lorsque son énergie se matérialise. Nous devons ressembler davantage à ce que l'Esprit semble être. Comme il s'agit de notre origine, notre Divinité est notre destinée, peu importe à quel point nous avons pu la négliger au fil des années, Dieu ou le grand Tao, dont nous faisons tous partie, attend patiemment que nous lui ressemblions. Je présume que l'Esprit grand créateur, s'il a des attentes à notre égard, désire que nous réalisions cela.

Un exemple inspirant se trouve dans *The Quiet Mind : Sayings of White Eagle* :

> « Votre contribution personnelle envers le fantastique plan de l'évolution de l'homme est

1. *Ibid.*

de revenir sans cesse sur l'amour de Dieu ; de regarder toujours vers la lumière et ainsi de vous exercer à reconnaître la bonté de Dieu qui transparaît chez tous les autres. »

(Traduction libre)

Je ne crois pas que Dieu soit soucieux que nous manifestions notre amour en construisant de superbes sanctuaires, en assistant à des messes, ou en suivant des règles édictées par des organismes religieux. Il me semble que si Dieu pouvait nous parler, son message serait de simplement nous aimer les uns les autres, et d'offrir de la gratitude plutôt que de l'hostilité à l'égard de l'ensemble de la vie.

*

* *

Le cheminement que nous avons entrepris, qui nous a conduit à ce moment, dans le corps que nous occupons, englobe quelque chose que j'appelle « de » (nos origines). Nous venons de quelque chose, quelque part, d'une façon ou d'une autre. C'est forcément un mystère pour nos petits cerveaux humains qui ont tendance à se limiter à la relation de cause à effet. Ma conclusion est que si nous sommes ici, maintenant, il doit y avoir eu un « avant » et il y aura certainement un « après ».

Je reconnais toutefois qu'il se pourrait qu'il n'y ait ni avant, ni après, et aucune notion de temps. En effet, tout pourrait être complet et survenir simultanément, sans notions de temps, d'espace, d'avant et d'après. Mais je ne peux pas écrire dans cette perspective, parce que *mon* petit cerveau humain désire, quelque part, que les choses soient logiques et compréhensibles. Par conséquent, je décrirai « comment l'Esprit semble être », à travers deux cheminements distincts. Le premier est celui du voyage « du pur Esprit sans forme qui prend forme », et le second, du voyage « de la particule subatomique jusqu'à la naissance. »

Du pur esprit sans forme qui prend forme (du non-être à l'être)

Écrire au sujet du non-être, comme du lieu dont nous venons, exige que je spécule sur ce que le monde spirituel du non-être pourrait être. J'imagine alors une conscience divine dont la tâche est de prendre forme à partir du néant. Imaginer une création sans créateur, c'est comme essayer d'imaginer une montre sans horloger. En observant la création tous les jours, je ne peux aider, mais j'admire les fleurs naître des graines, les fleurs se transformer en fruits, et les simples glands devenir des chênes géants. Malgré mon respect mêlé de crainte et un manque de compréhension pure, ma curiosité au sujet du monde du pur esprit joue constamment à spéculer sur les questions de l'avant et de l'après, c'est-à-dire « d'où nous venons » et « où nous allons ».

Le non-être est un état étonnamment paradoxal, parce que je sais intuitivement que cela existe sûrement, mais je n'ai pourtant que mon état d'être pour le considérer. J'ai déjà décrit mes limites personnelles à l'égard de ma réflexion concernant la compréhension du « De » (nos origines) de mon existence. Compte tenu de cela, je vous offre ma perception de « l'origine des choses ».

Je conclus que tout est énergie ; la vie est une vibration dans toute une gamme de fréquences. Plus la vibration est rapide, plus la proximité de l'esprit est grande, et plus nous comprenons d'où nous venons. Le stylo que je tiens entre mes doigts semble solide et pourtant, un microscope puissant pourrait montrer qu'il s'agit en fait d'un champ de particules en mouvement, avec divers espaces vides entre elles. La formation vibrationnelle de mon stylo est de l'énergie suffisamment lente pour que l'objet m'apparaisse entier, car mes yeux ne peuvent percevoir que les objets vibrant à une certaine fréquence.

J'entends le chant de mainates, tandis que j'écris, et je sais, de par mes connaissances limitées des lois de la physique, que le son voyage plus vite que la matière de mon stylo. Même le rayon de lumière qui traverse ma fenêtre est une énergie plus rapide, et ses minuscules particules bougent si vite qu'elles semblent vertes, bleues ou jaunes, selon la façon dont les bâtonnets et les cônes de mes yeux sont calibrés pour percevoir ces signaux énergétiques. Au-delà des fréquences de la lumière, il y a les énergies vibrationnelles de la pensée.

Oui, la pensée est un système d'énergie. Les fréquences de la pensée les plus hautement calibrées, mesurées suivant de simples méthodes de kinésiologie, révèlent que les vibrations les plus rapides se rapprochent de l'ultime, dans la vibration de l'énergie, soit la dimension de l'Esprit lui-même. Les vibrations les plus élevées de la pensée sont alignées avec l'énergie de la source du Tao ou de Dieu. Expérimentées en tant que pensées, ces vibrations plus rapides génèrent de la force, tandis que les pensées plus lentes créent une réaction plus faible dans les tests de kinésiologie.

Lorsque nous concentrons notre énergie mentale sur une pensée alignée avec la Source et que nous levons le bras à hauteur d'épaule pour tester notre force, il est ensuite difficile de le baisser. Lorsque nous concentrons notre énergie mentale sur des pensées de fréquence plus lente, une autre personne peut alors facilement descendre le bras levé. En kinésiologie, chaque émotion négative affaiblit le corps physique. Ces études sont des exemples graphiques du monde du non-être, et il y a également des occasions d'explorer les fréquences qui s'harmonisent avec les vibrations de l'énergie de la Source.

Ce domaine, dont proviennent les choses et vers quoi elles retournent, comporte une sensation. Basée sur la recherche et les pensées d'une poignée d'individus, les plus respectés ayant foulé cette Terre, la création elle-même n'est pas un acte de violence, mais plutôt agréable et joyeux. Il ne semble pas y avoir de peur, de honte, de reproche, de colère, d'humiliation, d'anxiété ni de haine associées aux œuvres du grand Tao qui semble ne rien faire et pourtant ne laisse rien d'inachevé.

Rappelez-vous que le corps que nous habitons en permanence n'a pas été créé par un être humain ; mais par Dieu. Par conséquent, il me semble parfaitement sensé que si notre corps, la création de Dieu, est rempli de pensées négatives, il sera faible. Dire un simple mensonge affaiblit le bras de quelqu'un ; dire la vérité entraîne toujours une forte réaction physique, car la vérité vient de Dieu. Comment la création ou le Créateur pourraient-ils créer à partir d'une fausse perspective ? Il existe de nombreux documents basés sur des recherches rigoureuses en kinésiologie au sujet du non-être, le lieu d'où nous venons, qui est aligné sur l'énergie plus forte quand nous disons la vérité.

La pensée vibratoire la plus élevée et la plus rapide qui nous gardera toujours robustes est celle de l'amour. Ma conclusion est que le non-être et l'amour sont synonymes. Le mysticisme et presque toutes les religions affirment que l'Être suprême est l'amour et que la seule vérité est l'amour. Certaines religions banalisent l'Être suprême en inventant un dieu à l'image des hommes. Leur déité est tatillonne, s'offense facilement à cause de nos péchés, est sujette à la colère, à la vengeance et à la punition.

L'amour dont je parle personnifie le non-être, accessible et incorporé en nous à partir d'où nous venons. Il n'a pas de règles, ne souhaite exercer aucun contrôle, ne punit jamais et ne sait pas comment se rabaisser à des expressions qui vont à l'encontre de l'amour.

L'Univers tout entier, tel que je le vois, est composé d'amour ; et chacun semble être l'expression individuelle du seul Être d'amour. Pour simplifier : « Dieu est amour ». J'aime cette description de Ralph Waldo Emerson qui rend l'amour synonyme de Dieu. Quel incroyable et magnifique concept que cette idée de non-être comme un état de pure béatitude indescriptible et qui soit nécessaire pour que l'acte de création ait lieu.

Pensez-y : nous venons de l'amour. Par conséquent, nous sommes d'une certaine façon de l'amour, puisque nous devons forcément ressembler à l'endroit d'où l'on vient. Jésus l'a expliqué de la façon suivante : « Celui qui n'aime pas ne connaît pas Dieu, car Dieu est amour » (Jean 4:8) Très basique et direct. Le non-être est amour. Comme nous venons du non-être, nous sommes forcément de l'amour.

Mais nous avons fait en sorte de nous détourner de notre véritable nature. Chaque pensée qui n'est pas de l'amour nous éloigne d'où nous venons. Chaque acte de jugement, de colère, de honte, de peur, d'anxiété et de violence représente un mouvement de non-amour et de non-connaissance de Dieu. Même une pensée anti-amour est un éloignement de notre nature originelle.

À quoi cela ressemblait-il d'être dans cet état d'amour pur en attendant notre transition vers l'être ? Que faisions-nous ? Après avoir pris forme, ces questions sont presque impossibles à envisager. Toutefois, voici ma conceptualisation de ce que le non-être représente avant notre arrivée dans ce monde de forme et de frontières :

– **Néant.** Nous pouvons certainement tous être d'accord sur le fait que nous n'avions rien. Il n'y avait rien à posséder, rien à faire, rien à défendre, rien à nous soucier ; nous n'étions rien en termes physiques. L'idée de néant est vraiment difficile à concevoir. Nous sommes entrés dans un monde ou quelque chose a remplacé le rien, où la forme a remplacé l'absence de forme. Dans notre monde matériel, ne rien posséder et ne rien faire sont généralement des signes d'échec. Pourtant, notre véritable essence est plus à l'aise sans rien.

Il me semble que la façon la plus efficace de savoir d'où nous venons et de l'expérimenter consiste à faire tous les efforts pour nous reconnecter au néant, c'est-à-dire ne plus avoir d'attaches, de choses ou de pensées. Il suffit pour cela d'être, au lieu de faire et d'accumuler. Comme Herman Melville est supposé l'avoir dit, « La seule et unique voix de Dieu est le silence », et il s'agit d'une invitation à expérimenter le monde du néant originel. Toute la création émerge du rien silencieux, tout comme chaque son. Chaque rayon de lumière provient du néant ; chaque pensée vient de la non-pensée. Un proverbe Zen nous rappelle que c'est le silence entre les notes qui crée la musique. Sans le silence pour interrompre les sons, il ne pourrait pas y avoir de musique, puisqu'il n'y aurait qu'un seul son en continu. Mais, bien entendu, même le long son provient du rien.

Le néant équivaut au zéro mathématique : il ne peut pas être divisé, n'a aucune valeur empirique et, si nous le multiplions par quoi que ce soit, la somme est nulle. Pourtant, sans le zéro indivisible, les mathématiques seraient impossibles. Avant d'arriver dans ce monde matériel, notre essence n'était rien. Rien ne nous encombrait : ni règlements, ni obligations, ni argent ; pas de parents, pas de faim ni de peur... rien du tout.

Lorsque j'ai écrit des essais sur les 81 versets du Tao-tê-king pour mon livre *Changez vos pensées, changez votre vie*, j'ai été surpris de constater à quel point Lao-tzeu insistait sur la connaissance du grand Tao (Dieu) en renonçant à tout, en se détachant de tout, en faisant moins, en ne possédant rien, et en pratiquant la connaissance de Dieu en vidant l'esprit plutôt qu'en le remplissant. Presque tous les grands maîtres spirituels nous disent de trouver Dieu dans le vide et d'entendre Dieu nous parler dans le silence. Par conséquent, l'une des réponses à la question « D'où venons-nous ? » est : de nulle part, avec rien.

Nous devons faire l'effort de trouver notre voie vers le paisible néant, tandis que nous habitons encore notre enveloppe corporelle. Nous pouvons vider nos poches ou notre sac à main, mais nous devons surtout vider notre cerveau et nous réjouir de vivre dans ce monde physique tout en expérimentant la béatitude du rien. C'est là notre origine, tout comme il ne fait aucun doute qu'il s'agit de notre destination ultime. Albert Einstein a déjà noté que tout est dans le vide, et que la forme est du vide condensé. Et selon mon maître Nisargadatta Maharaj :

> « Voilà la véritable libération : savoir que vous n'êtes rien. Toutes vos connaissances, y compris vous-même, est liquidé et alors, vous êtes libéré[1]. »

– **Unité.** Proche du néant se trouve l'idée de l'unité. Comment se peut-il que dans notre noyau spirituel, nous soyons à la fois rien et connectés à quelque chose qu'on appelle l'unité ? Tout dans cet univers physique qui est le nôtre est en quelque sorte connecté à tout le reste, parce que tout tient son origine dans le vide du néant.

Il n'existe pas différents riens parmi lesquels choisir, car nous venons tous du même rien,

1. *Treasury of Spiritual Wisdom : A Collection of 10 000 Powerful Quotations for Transforming Your Life*, de Andu Zubko, publié par Motilal Banarsidass.

comme tout le reste. Lorsque nous tentons d'isoler quoi que ce soit, nous découvrons que cela fait d'une certaine façon partie de tout le reste dans l'Univers. Tout comme il serait absurde qu'une vague se conçoive séparée de l'océan, il en va de même pour chacun de nous de ne pas reconnaître notre unité avec ce que nous connaissons comme l'infini.

L'unité est plutôt difficile à comprendre, parce qu'elle est immergée dans un monde de choses qui nous semblent *étrangères*. La phrase d'ouverture du Tao-tê-king suggère que le Tao qui ne peut pas être nommé n'est pas le Tao éternel. En d'autres termes, dès qu'on le nomme, il est perdu, car nous avons créé une dichotomie. Comme son nom l'indique, l'unité signifie « un seul ». Comme je l'ai dit précédemment, tout comme le zéro en mathématique, elle ne peut être divisée ni fractionnée. Dès qu'on l'étiquette ou qu'on la nomme, elle devient quelque chose de distinct, et ce n'est plus l'unité d'une seule chose. Lao-tzeu mentionne fréquemment que si nous la nommons, nous la perdons. Dans l'unité, il n'y a pas de noms ; il n'y a que l'Un. Voilà pourquoi il est impossible d'écrire au sujet de l'unité : chaque mot que j'utilise pour la décrire illustre que je ne la comprends pas !

Le lieu d'où nous venons est dépourvu de contradictions, à la différence de notre monde matériel, dépendant de paires de contraires. Dans le monde d'ici, sans le concept du haut, il n'y aurait pas de bas. Sans l'idée de la mort, pas de vie. Le pôle nord d'un aimant ne peut pas exister sans le pôle sud. Pas de mâles sans femelles. Pas de bien sans le mal. Nous pensons aux dichotomies et nous nous caractérisons sur la base des oppositions. Nous savons ce que nous aimons, ce qui a bon goût, ce qui procure des sensations agréables, et ainsi de suite, parce que nous savons ce que nous n'aimons pas. À cause de notre monde matériel, bon nombre d'entre nous ont de la difficulté à atteindre l'unité, le monde que l'ancien professeur Hermès décrivait de la façon suivante :

> « Dieu est un seul. Et celui qui est un seul n'a pas de nom. Il n'en a pas besoin, puisqu'il est seul… Toutes les choses proviennent d'un seul[1]… »

L'idée de l'unité est presque impossible à saisir, parce que nous vivons dans un monde de contrastes et que pour qu'un contraste existe, il faut au moins deux éléments. Alors, nous sommes là, dans notre monde de deux. Comment arriver à saisir l'idée de l'unité dans le monde du non-être où nous habitions avant d'être ? En pensant peut-être à nos doigts, nos jambes, nos bras, nos orteils et nos yeux ? En effet, nous ne les percevons pas comme des entités distinctes de l'ensemble de notre corps. Nous ne parlons pas de nos doigts comme s'ils étaient séparés de nous-mêmes. Même s'ils ont leurs propres qualités, et une apparence dis-

1. *Ibid.*

tincte, ils font partie de l'unité de notre corps. Il en va de même de notre relation à la Source, ou Dieu, avant notre arrivée dans ce monde, depuis l'Autre monde que j'appelle « nos origines », où nous ne formions qu'Un avec Dieu.

L'unité, en tant que concept d'où nous venons, signifie écarter toute idée de séparation de quoi que ce soit et de qui que ce soit. Nous pouvons simuler l'unité par l'intermédiaire de la partie de nous qui connaît le silence et où il n'y a pas de noms ni de choses. Ici, nous pouvons commencer à ressentir notre connexion à chacun, à la Terre, à l'Univers et finalement au grand Tao. L'unité devient accessible dans ce grand pouvoir, qui agit sans faire, maintient tout l'Univers en ordre et génère la forme à partir du néant.

Si nous imaginons être libérés de toute étiquette, de toute séparation, et de tout jugement au sujet de ce monde et de la vie qui l'habite, nous pouvons commencer à comprendre l'unité. Là où nous voulons entrer, consiste à *être*, tout simplement. Nous pouvons imaginer la Source de l'être comme une énergie aussi accessible que l'est le ciel. La colère n'existe plus contre qui que ce soit, ni quoi que ce soit, parce que chacun et tout est de l'Esprit. Cet Esprit, c'est Dieu, la Source de notre être. Nous sommes l'Esprit et il est ce que nous sommes. Nous relaxons dans le silence du lieu d'où nous venons. Nous découvrons le sens de la vie en étant capables de retourner à l'unité et au néant, tandis que nous avons encore une forme matérielle et sans devoir quitter notre corps dans le rituel de la mort. Plus nous nous rapprochons de notre nature originelle, plus la paix et la finalité circulent en nous.

De la particule subatomique à la naissance (la première étape de l'être à la naissance)

Nous avons examiné la logique et la spéculation spirituelle de ce à quoi notre non-être pourrait ressembler. Je vous prie de vous rappeler qu'il s'agit là de mon interprétation du monde invisible de l'esprit, qui est à la fois notre source originelle et le lieu de notre retour, lorsque notre moi physique ne sera plus animé par la conscience divine.

En une magique et mystérieuse nanoseconde, nous avons effectué la transition du non-être à l'être. Une particule subatomique de protoplasme humain a émergé de l'Esprit, et tout ce qui était nécessaire pour le voyage que nous appelons la vie était présent. Une force invisible que j'appelle « une traction vers le futur » a été mise en action pour déterminer nos caractéristiques physiques. Notre taille, notre silhouette, la couleur de nos yeux, de notre peau et de nos cheveux ; les rides à venir et, bien entendu, le moment de notre mort, tout a été prévu, sans que nous n'ayons quoi que ce soit à y voir.

Dans le film *The Shift*, je spécule sur le fait que si l'essentiel, pour le voyage physique, est pris en charge par le rien sans nom, il m'est alors impossible de supposer que tout ce qui est nécessaire pour remplir notre destinée a aussi émergé au moment de cette transition entre le non-être et l'être. Notre dharma – le but essentiel de notre existence – notre personnalité, ainsi que toute l'aide dont nous avons besoin au long du parcours se trouvaient également dans le minuscule point d'origine. Si notre corps se trouvait dans un voyage dont s'occupe le grand Tao ou Dieu, eh bien, pourquoi cela ne serait-il pas le cas de tout le reste également ?

La principale caractéristique de ce parcours de neuf mois est ce que j'appelle « l'abandon ». Nous ne pouvions rien faire. D'une certaine façon, la source de notre être dans son infinie sagesse allait s'en occuper. Notre mère et nous avons permis au grand Tao de réaliser son œuvre. La vérité est que nous ne faisions rien ; on s'occupait de nous. Au cours de ce voyage de neuf mois, c'est le Tao qui nous « donnait vie ». Comprendre d'où nous venons, et où nous retournerons, consiste à faire l'expérience de l'abandon total. Cela signifie de permettre à la force qui se charge de tout de le faire sans interférence.

Au cours de ces neuf premiers mois de notre vie, d'abord comme point microscopique, puis comme embryon, notre mère et nous ne sommes pas intervenus. Notre sagesse naturelle nous indiquait que tout ce dont nous avions besoin pour nous épanouir était pris en charge par la force invisible qui semblait ne rien faire, sans rien laisser d'inachevé. Nul besoin de nous préoccuper du moment où nos ongles allaient apparaître ni si ces derniers allaient pousser au bout des doigts plutôt que derrière les oreilles. Le cœur a commencé à battre au moment prévu, sans que nous ayons besoin de le mettre en route. En nous abandonnant et en permettant à la force d'agir, nous avons été formés dans la perfection déjà prévue, alors que nous étions dans le non-être. L'énergie responsable de notre arrivée dans l'état d'être savait exactement quoi faire et quand le faire. Il s'agit là de notre moi authentique.

Dès le moment de la conception, nous étions dans les bras de la sagesse invisible infinie. Nous avons permis à notre moi authentique de s'épanouir dans la parfaite conception inhérente à la fois au non-être et à l'être. Si nous étions restés complètement immergés dans cet état de conscience, nous serions demeurés alignés avec la Source. Dans ce scénario, il n'y a pas lieu de nous interroger au sujet de notre finalité. Ce petit grain que nous étions ne savait rien d'accumuler des biens, de réaliser des choses ou d'avoir de l'ambition. Il *était*, tout simplement, en se permettant de s'abandonner à la force invisible qui gère tout.

Mais plutôt que de rester dans cet état de permettre et de nous abandonner, nous étions attachés à un ensemble de croyances qui placent l'ambition devant la permission. La partie de nous qui vient de la permission, de l'abandon et de l'être... a pris forme dans un lieu où on accorde la première place à l'ambition. Si nous avions pu poursuivre notre vie avec ce que nous avions d'où nous venons, nous vivrions aux plus hauts niveaux de la conscience ou de la réalisation de Dieu. Nous connaîtrions l'illumination, et il semble que c'était prévu ainsi. Comme l'a dit Jésus « Même le plus petit d'entre vous peut faire tout ce que j'ai fait et même de plus grandes choses » et « N'est-il pas écrit dans notre loi : j'ai dit : vous êtes des dieux ? » (Jean 10:34). En effet, nous venons de Dieu et nous sommes donc Dieu nous-mêmes.

La réalité semble être que nous tendons tous à nous orienter vers l'ambition sous une forme que nous tenons à diriger. La possibilité est que nous avons tous le choix de passer ensuite au sens et ainsi de terminer notre retour vers le lieu que j'appelle « l'Origine ». Dans le prochain chapitre, je parlerai de la phase de l'ambition.

*

*   *

Voici une récapitulation et des suggestions, pour comprendre nos « origines ».

– **Néant.** Permettez-vous de profiter du silence et de la méditation. Même si vous n'avez pas une pratique structurée pour méditer, accordez-vous le temps de savourer simplement le silence. Éteignez les sources de bruit à la maison ou dans la voiture. Créez du temps pour être dans la nature, à l'écart des bruits fabriqués par l'homme. Apprenez à traiter vos voyages intérieurs comme de l'espace sacré, en passant souvent des moments à lâcher prise physiquement et mentalement. Cessez de vous inquiéter, de planifier, de réfléchir, de vous rappeler des choses, de vous demander ceci ou cela, d'espérer, de désirer ou de revenir sur le passé. Libérez-vous consciemment de chaque sensation physique que vous remarquez. Faites cela un moment à la fois. Entrez dans un état où vos biens, votre famille, votre maison, votre travail et votre corps cessent d'exister. Faites l'expérience de la béatitude du vide.

En émergeant de votre silence, commencez le processus de détachement, en donnant concrètement quelque chose dont vous ne vous servez pas au moins une fois par jour. Dans le rien, vous trouverez une grande intimité avec la source de votre être.

– **Unité.** Commencez à vous percevoir comme étant lié à chaque personne que vous rencontrez, en valorisant et en aimant cette partie de vous qui circule dans toute la vie. Ressentez votre connexion à toute la nature et pratiquez l'absence de jugement et l'amour, en commençant par vous-même. Cela signifie que lorsque vous vous sentez offensé ou contrarié, plutôt que de diriger votre attention vers la personne ou l'incident extérieur, remarquez ce que *vous* éprouvez et dans quelle partie de votre corps. Redirigez votre attention en partant des circonstances extérieures vers l'examen de la façon dont votre corps ressent la contrariété. C'est ainsi que vous commencez à pratiquer l'unité. Réglez votre baromètre intérieur sur l'amour et l'acceptation de ce que vous éprouvez. Rappelez-vous que vous ne faites qu'Un avec Dieu et que par conséquent, *vous* êtes de l'amour. C'est tout ce que vous avez à offrir ; alors, commencez par aimer les parties blessées, offensées ou contrariées de vous-même.

En intégrant tout ce qui est vous, en rassemblant les parties dans l'unité que vous êtes, vous découvrirez l'impossibilité que votre être soit séparé de qui que ce soit sur notre planète. En reconnaissant simplement les moments où vous êtes en colère ou importuné comme des occasions de mieux vous connaître, de vous pardonner et de vous aimer, vous élargirez votre conscience de l'unité que vous êtes. Pratiquez ce genre d'unité, et l'amour se répandra naturellement, même vers ceux que vous aviez jugés.

– **S'abandonner.** Pratiquez l'art de permettre. Observez votre corps changer. Les cheveux passer au gris ou tomber, la peau devenir flasque… les petits changements qui surviennent d'eux-mêmes, indépendamment de votre opinion à leur sujet. Puis, pratiquez la même attitude de non-intervention auprès de votre famille, vos amis, vos collègues, tout le monde. Les Beatles avaient raison : la réponse viendra si vous prenez les choses comme elles se présentent. C'est s'abandonner. L'art de lâcher prise sur votre besoin de contrôler le monde et les autres.

Comme nous le répétons, depuis plusieurs années, dans le mouvement de rétablissement, « Lâche prise et laisse Dieu s'en occuper ». Lorsque vous pratiquez l'abandon sur une base quotidienne, tout semble prendre sa place. Vous venez d'un lieu de bien-être, composé d'amour, de gentillesse, de douceur, de joie et de pureté. Ce sont vos « origines ». Abandonnez-vous-y. Lorsque je me surprends à vouloir contrôler ma destinée, je me dis « Lâche prise, Wayne. Lâche prise et laisse Dieu s'en occuper ! » Essayez avec votre prénom, vous verrez que ça marche !

Mes tentatives pour décrire d'où nous venons figurent dans le 21e verset du Tao-tê-king :

La Grande Vertu par nature Suit la Voie et rien que la Voie

La Voie est au monde des choses Illusion évanescente Illusion évanescente Mais en qui se trouvent des formes Illusion évanescente Mais en qui se trouvent des choses Un miracle crépusculaire Mais habité par des essences Et par de solides promesses

Depuis les temps anciens jusqu'à ce jour Son nom s'est maintenu Dans la contemplation du Principe des choses Comment puis-je savoir Qu'il en était ainsi au Principe des choses ? Comme ça !

(*La Voie et sa vertu,* Tao-tê-king de Lao-tzeu, Éditions du Seuil)

*

* *

Je termine ce chapitre sur nos « origines » en citant mon passage favori d'un *Cours en miracles*. Savoir d'où nous venons consiste à *nous souvenir* et il est impossible de résoudre le mystère de nos origines spirituelles à moins de nous rendre dans un lieu où nous pouvons, en fait, *nous souvenir* de la source de notre être, ici et maintenant :

> *Le souvenir* de Dieu vient à l'esprit tranquille. Il ne peut venir là où il y a conflit, car un esprit en guerre contre lui-même ne se souvient pas de l'éternelle douceur...
>
> Ce dont *tu te souviens fait* partie de toi. Car tu dois être tel que Dieu t'a créé...
>
> Laisse toute cette folie être défaite pour toi, et tourne-toi en paix vers le souvenir de Dieu, qui brille encore dans ton esprit tranquille.

Étudiez ce passage attentivement, et vous résoudrez le mystère que représente la véritable source de votre être. Retrouvez le calme, lâchez prise sur le conflit, apaisez-vous et rappelez-vous l'éternelle gentillesse qui est en vous.

CHAPITRE 2

L'AMBITION...

Tout malheur est attribuable à l'ego. Si vous pouviez répudier l'ego et le brûler en l'ignorant vous pourriez vous sentir libre. [traduction libre]

Ramana Maharshi[1]

Avant le moment de la naissance, et avant que la phase de l'ambition ne s'installe, chacun de nous est entièrement aligné sur Dieu ou le Tao – quel que soit le nom qu'on donne à la source de notre être. À ce stade précédant la forme, nous ne connaissons pas l'ambition – nous n'avons ni objectifs, ni aspirations. Nous n'avons rien à faire ni personne à nous occuper, personne à impressionner ou à vaincre... il nous suffit d'être. Notre existence dans l'expérience du « de » (nos origines) est précisément ce que la source de notre être avait prévu : libre d'interférence. Nous sommes parfaitement authentique. À ce stade, nous sommes aussi

1. *Treasury of Spiritual Wisdom.*

semblable à Dieu que la plupart d'entre nous ne l'ont jamais été.

Dans le film *The Shift,* je décris comment nous nous éloignons de notre moi authentique (notre divinité) pour un autre artificiel. En arrivant dans ce monde, nous sommes une création parfaite, mais pour plusieurs raisons, on nous encourage à quitter ce vrai moi pour une contrefaçon. Nous, ainsi que les responsables de notre éducation, ne tenons pas compte que notre destinée et tout ce dont nous avons besoin pour accomplir notre dharma sont déjà inscrits en nous. C'est avec de bonnes intentions que nous sommes séduit par l'idée de devenir quelqu'un aux antipodes de ce que nous sommes en réalité.

La nature de notre faux moi

Imaginez une créature qui avance dans son voyage initiatique, sous sa forme corporelle, ici, sur Terre, et qui apprend et croit qu'elle est autre chose que ce qu'elle était supposée être. Prenez, par exemple, un bébé hyène à qui ses parents diraient qu'en réalité, elle n'est pas une hyène. On interdirait à cette petite hyène de suivre ses instincts naturels de batifoler, d'aiguiser ses crocs, de traquer des proies, de courir avec la meute, de chasser en groupe, de faire du bruit ou de ronger les carcasses des animaux tués. Au lieu de cela, les parents de la hyène lui ont dit de cesser ce comportement étrange, comme rire et hurler, et de rester tranquillement assise, tandis que les autres chassent ; autrement dit, de croire qu'elle est autre chose qu'une hyène.

Le fait est que tout ce qui fait partie de la création a un dharma. Aucun animal, oiseau, insecte, poisson ou plante ne peut cultiver un faux soi ou croire être autre chose que ce que la Source a prévu qu'il soit. Il n'y a toujours pas de preuves pour douter de ce qu'Emerson a écrit dans son journal : « Toutes les pensées d'une tortue restent une tortue ». Emerson soutenait le même point que moi : toutes les créatures de Dieu sont authentiques et ne peuvent être que ce que leur dharma a prévu qu'elles soient. Les êtres humains feraient-ils exception en ce qui a trait à l'intention de Dieu ? Certains aspects de notre développement soulèvent la question.

Nous n'avons pas continué à nous épanouir de la façon déterminée par la création, comme nous l'avions fait au cours des neuf mois dans le ventre de notre mère. Après cette période de développement, nous avons été accueillis par des parents, une culture et une foule de gens bien intentionnés représentant des intérêts religieux, éducatifs et commerciaux. Ils nous ont tenus dans leurs bras, ont admiré le miracle de la création et regardé vers le ciel en disant « Bon travail, Dieu là-haut ! Absolument et étonnamment parfait. Merci infiniment. Mais à partir de maintenant, nous prenons la relève. » C'est ainsi qu'a commencé notre transition vers le monde tordu de l'ambition.

Nous avons reçu des stabilisateurs virtuels, et sommes devenus des stagiaires dans le vigoureux effort de nous convaincre que nous ne faisons pas partie de la conscience divine. Dans le virage qui nous a conduits à adhérer au monde de l'ambition, nous avons appris à aspirer à quelque chose de totalement étranger à nos « Origines ». Cette voie nous a contraints à nous donner une identité à laquelle aucune hyène ni tortue n'aurait songée !

Le virage vers l'ambition exige que les humains cultivent leur ego et se démarquent de Dieu. Nous apprenons à croire que notre véritable identité est celle que l'ego a décidé qu'elle était. Nous passons plus de la moitié de notre vie, en moyenne, à croire à la formation que nous avons reçue concernant l'importance d'avoir de l'ambition et à nous y fier. Le grand virage suivant arrive, quand nous réalisons qu'un faux soi n'offre que des promesses vides et une garantie de récrimination contre soi et de futilité (sujets qui seront abordés dans les deux prochains chapitres).

Pour le moment, examinons ce que nous enseigne le faux soi, pendant que nous suivons la voie de l'ego et apprenons à croire en l'importance de l'ambition comme façon de définir qui nous sommes.

Accepter l'ego

Lorsque nous émergeons du monde de l'esprit, au moment de la naissance, nous entreprenons le voyage périlleux de l'acquisition d'une identité qui est pratiquement le contraire de notre moi véritable. Je qualifie cet épanouissement de l'ego, ou du faux soi, de « période de l'ambition ». Le contraste est saisissant par rapport à nos « Origines », où l'ambition nous était inconnue, en grande partie parce que nous nous laissions simplement porter par le grand Tao.

Ainsi, commence le parcours qui consiste à n'être rien – et à être content de ce statut – pour nous immerger dans un programme scolaire que mon ami Ram Dass qualifie de « formation à devenir quelqu'un ». L'ego insiste sur le fait de devoir passer de rien à quelque chose, de n'être personne à être quelqu'un, de l'unité à la dualité, de l'unité à la séparation. C'est ce parcours qui nous demande de mettre Dieu de côté et d'apprendre à croire en un faux soi. La première tâche de l'ego, à cette étape, consiste à supprimer notre statut de personne en encourageant l'ambition et en créant une nouvelle, mais fausse, identité.

La citation qui ouvre le présent chapitre nous présente l'ego comme la cause de nos ennuis. Si nous voulons connaître le véritable bonheur et vivre sereinement, nous devons appliquer ce que dit Sri Ramana Maharshi et apprendre à « immoler » l'ego, en l'ignorant. Sauf que l'ego est très compétent pour résister à nos efforts, et il fera tout pour nous empêcher de sacrifier notre statut de quelqu'un. L'ego veut que nous soyons quelqu'un de plus important que tous les autres !

J'ai isolé six caractéristiques de l'ego, le faux soi. Ces éléments représentent ce que l'ego nous dit, afin de nous convaincre que nous sommes autre chose que le moins que rien que nous aurions pu rester. Dès l'enfance, et tout au long de notre « formation à devenir quelqu'un », nous apprenons à y croire.

Voici une explication complète de chacun des six mensonges auxquels l'ego nous demande croire :

« *Je suis ce que je possède* »

Très tôt, nous enregistrons le message que de ne rien posséder équivaut à n'avoir aucune valeur en tant qu'être humain. Par conséquent, en grandissant, nous apprenons que plus nous accumulons de biens matériels, plus nous devenons importants. Le concept de nous-mêmes passe du sentiment d'avoir de la valeur, car nous existons en tant que partie de Dieu, à celui d'estimer notre valeur en fonction du nombre d'objets que nous possédons, leur valeur monétaire et quel prestige ils revêtent aux yeux des autres de la même culture.

Dans le film *The Shift*, un couple aisé – qui possède des biens somptueux et fait étalage de ses voitures, vêtements, propriétés et abonnements dans des clubs de loisirs – évalue son succès dans la vie en fonction de la somme de ses possessions. Pourtant, il est évident qu'ils ont une image disproportionnée d'eux-mêmes. Plus ils accumulent, plus ils se font du souci, et ils cherchent à accumuler encore plus, croyant se sécuriser. Le cercle vicieux est en place. Tout cela culmine, dans un moment poignant, où le mari commence à se demander s'il n'a pas complètement raté sa vie.

Voilà une question fascinante. Qu'en est-il si nous passons toute notre vie à courir après les symboles de la réussite, amassant toujours plus de biens et cherchant sans cesse à obtenir quelque chose de plus gros et de mieux que nos voisins ? Le mantra de l'ego est *plus*. Il semble nous crier profondément depuis l'intérieur « Tu seras heureux quand tu auras obtenu autre chose, de plus cher et qui te donnera du prestige et du pouvoir ! » Cette mentalité d'accumulation s'amorce dès l'enfance, avec nos jouets. Si vous ne vous rappelez pas votre enfance, observez les bambins d'aujourd'hui qui s'exclament : « C'est *à moi* ! Ce sont *mes* jouets ! »

À l'âge adulte, nos plus grosses et plus chères versions de jouets incarnent notre réussite. Si nous les perdons ou qu'elles sont menacées, nous avons l'impression que notre valeur humaine est diminuée. Le même principe s'applique lorsque quelqu'un possède davantage que nous, ou quand nous n'avons pas les moyens d'acquérir plus de biens. Le problème avec cet état d'esprit qui consiste à nous évaluer en fonction de ce que nous possédons est celui-ci : « Si nous sommes ce que nous possédons, alors nous ne sommes rien si nous ne possédons pas ! »

L'ego est un maître exigeant. En ce qui le concerne, c'est notre valeur qui est en jeu. Bien entendu, nous savons que nous sommes arrivés sur Terre sans rien, et qu'il en sera de même quand nous partirons. Pourtant, au cours de notre vie, l'ego veille à nous emprisonner. Si nous le laissons faire, nos biens nous dirigent et déterminent notre valeur. Il est assez courant pour des gens, dont l'identité dépend des valeurs commandées par l'ego, de faire des dépressions ou même de se suicider lorsque leurs biens sont menacés ou disparaissent. Une de mes phrases préférées du Tao-tê-king nous rappelle que ce que nous gagnons cause davantage de soucis que ce que nous perdons, et que c'est en étant contents que nous ne serons jamais déçus.

Cette façon de penser ne s'accorde pas bien avec l'ego, car c'est la partie de nous qui croit que notre essence est liée à ce que nous avons et qu'il ne peut y avoir de satisfaction si on nous enlève nos biens. Voilà pourquoi tant de gens, qui s'efforcent de posséder toujours plus, sont insatisfaits et angoissés. Ils finissent par croire qu'ils ont échoué, lorsqu'ils perdent une partie de ce qu'ils possèdent.

Là d'où nous venons et où nous retournerons, nous n'avons aucun besoin de nos biens pour éprouver de la joie et du contentement. Peu importe ce que nous avons connu quand nous étions fœtus ou enfant non gâté, ils nous ont donné un sens profond de satisfaction.

J'avais l'habitude de regarder mes jeunes enfants déborder de joie en s'amusant avec une boîte en carton, une bobine de fil ou des serviettes en papier. Ils étaient heureux de suivre un papillon ou d'observer une fourmi sur le trottoir. Ils s'émerveillaient de presque tout ce qui était à leur portée. Ce sont là des vestiges de nos « Origines ». Nous étions tous ainsi. Nous devrions tenir compte du conseil du poète persan Rumi : « Vendez votre intelligence et achetez la perplexité ».

Notre obsession d'en vouloir toujours plus, et de nous vanter de nos possessions, démontre que notre faux moi est devenu une force dominante dans notre vie. Lorsque le faux soi nous définit, cela signifie que nous sommes déterminés par quelque chose de faux. Spirituellement, c'est l'échec de notre vie. Ce que nous sommes n'a rien à voir avec les choses matérielles, ni même avec notre moi physique. Nous n'avons besoin de rien pour vérifier qui nous sommes ni pour nous valider. Nous sommes des expressions individuelles infinies de Dieu. Un point, c'est tout. Les biens matériels et ce qu'on appelle la propriété ne nous identifient pas. « Nous sommes ce que nous possédons » est une fausse croyance de l'ego, encouragée par notre culture.

« Je suis ce que je fais »

Tôt dans la vie, nous apprenons que ce que nous faisons, et si nous le faisons bien, peut nous définir favorablement. « Elle m'a attrapé le doigt et elle n'a que six heures ! » ; « Il m'a regardé droit dans les yeux, il est si éveillé. », « Elle pouvait saisir son jouet et le tenir à trois mois seulement. », « Il a marché très tôt. », « Elle a dit ses premiers mots. » Il y a des milliers de choses comme celles-là qui nous attirent la fierté des autres, et nous font comprendre combien nous sommes spéciaux et merveilleux. Tout cela, c'est l'ego qui travaille à nous commander. Nous apprenons que de faire des choses – surtout si nous les faisons plus tôt et mieux que les autres – est gratifiant. Nous apprenons davantage à *faire* qu'à *être*. L'être humain est donc évalué en fonction de ce qu'il fait et de quelle façon cela se compare à ce que font les autres. Mon observation ne vise pas à critiquer, ni à juger. Je veux simplement faire remarquer que d'avoir l'ambition d'être un « faiseur » a été une priorité, dès l'enfance.

Pour chaque tâche que nous arrivions à maîtriser (nous traîner à quatre pattes, marcher, parler, être propre, conduire un tricycle et apprendre à lacer nos chaussures), nous avons acquis l'identité qui nous disait « Quand tu fais des choses – et qu'en plus tu les fais plus tôt et mieux que les autres – tu as de la valeur ». On nous récompensait par des encouragements, des bonbons, de l'argent ou quoi que ce soit d'autre que notre famille utilisait pour souligner nos exploits.

Encore une fois, je tiens à préciser que ces encouragements pour nos réalisations n'ont rien de mal ; sauf que cela enseigne à l'aspirant humain à croire le message personnalisé de l'ego du « Vous êtes ce que vous faites », alors que c'est totalement faux. Vous n'êtes *pas* ce que vous faites. Même si vous n'accomplissiez rien de toute votre vie, vous resteriez un être spirituel avec une expérience humaine, et non pas l'inverse.

L'ego a besoin de la confirmation de notre valeur par l'intermédiaire de repères, alors que l'esprit fonctionne sur des bases entièrement différentes. *Chez soi* est au-delà de l'ego, comme l'entité spirituelle connue sous le nom d'Emmanuel dit :

> *Votre esprit ne connaît pas le chemin Votre cœur est déjà passé par là… Et votre âme ne l'a jamais quittée. Bienvenue dans votre maison*[1]…
>
> (Traduction libre)

Notre première leçon nous convainc que ce que nous sommes réellement est déterminé par nos réalisations. Notre système éducatif insiste là-dessus, renforçant l'idée de toujours plus. « Pas d'étoile dorée » est facilement interprété comme une « personne sans valeur ». Lorsque

1. *Le livre d'Emmanuel : un manuel pour bien vivre dans le cosmos.*

nous échouons à un examen, l'estime de soi est atteinte, et ces notions de renforcement de l'ego deviennent notre réalité. Depuis la maternelle jusqu'à l'université, les messages restent les mêmes : nous sommes définis par la réussite de ce que nous faisons. Dans le cas contraire, on nous étiquette de « sous performants ». Le concept de l'ambition, en tant qu'indicateur de notre valeur, aux yeux des autres et même dans l'esprit de Dieu, est bien ancré dans notre conscience.

Ces idées se répercutent dans chaque aspect de notre ego en développement. Le dicton populaire « Gagner n'est pas tout, c'est la seule chose qui compte » fait de 50 % des concurrents des perdants, puisque chaque compétition avec un gagnant doit nécessairement comporter un perdant. Dans tous les domaines de la vie, quoi que nous fassions, nous tendons à définir notre valeur. L'artiste, dont le portfolio est jugé inférieur à celui d'un autre, éprouve un sentiment de moindre valeur en tant qu'être humain. Le chanteur, qui n'arrive pas en tête dans sa catégorie, a l'impression de ne pas valoir grand-chose.

Les forces de l'ego poursuivent leur travail à l'âge adulte, éliminant souvent tout concept de soi basé sur notre divinité en tant que partie de Dieu venue du non-agir et qui se dirige vers la même origine. Le travail de l'ego contribue à un concept de soi qui nous réduit à un sentiment d'insignifiance à l'égard de notre maigre portfolio par comparaison à ceux qui ont réalisé davantage. La vérité est qu'il n'est pas nécessaire de faire quoi que ce soit pour nous faire paraître valable et précieux. Même si nous n'avions rien fait, sauf être à l'image de Dieu, nous aurions rempli notre dharma. Ironiquement, nous aurions probablement créé de plus grands accomplissements.

En ce moment même, j'écris sans faire. C'est exact. Je laisse simplement les idées passer par mon cerveau pour les retranscrire dans ces pages. Je ne suis pas occupé à écrire, à essayer différentes formules, à me casser la tête, à travailler ni à quoi que ce soit qui ressemblerait à *faire* quelque chose. Je laisse simplement les choses se produire d'elles-mêmes et je m'abandonne à Dieu, tout comme je le fais avec mon cœur, mes poumons, mon système circulatoire et tout le reste qui compose mon moi physique. Je suis le cours des choses, non pas en pensant ou en établissant de grands objectifs, mais plutôt en me rappelant le conseil de Lao-tzeu dans le Tao-tê-king :

> *Suivre la Voie de jour en jour décroître Décroître encore décroître Jusqu'au non-faire Par le non-faire rien qui ne se puisse faire Tout abdiquer c'est gagner l'univers Viser à une fin C'est être impropre à gagner l'univers.*
>
> (Verset 48)

Oui, cela semble paradoxal et indique exactement la voie où toute la création se produit. Dieu ne fait rien, mais ne laisse rien d'inachevé. Si nous dissuadons l'ego en faisant exprès de l'ignorer, nous accomplissons ce que nous sommes venus faire et être ici, en choisissant d'*être* plutôt que de *faire*. Nos ongles poussent, notre estomac digère et notre cœur bat sans que nous intervenions d'aucune façon.

Dans le film *The Shift*, David, le réalisateur frustré, illustre ce dont je parle. Son personnage exprime les problèmes qui surgissent à cause de la croyance de son ego : « Je suis ce que je fais. » S'il ne peut pas réaliser son film, il perd non seulement son bonheur, mais aussi son âme. Ce n'est que lorsque David lâche prise, prend le temps d'être *dans* l'instant présent, et laisse les idées enseignées dans le film, que la magie commence à opérer. Je répète ce qui deviendra un thème familier : « Si nous sommes ce que nous faisons, alors si nous ne faisons pas ou ne pouvons pas, nous n'existons pas. » Je pense qu'il faut porter une attention particulière à ce point.

La plupart des gens élevés dans le monde moderne sont sceptiques à l'égard de ne rien faire. Nous sommes nourris par l'ambition, et en particulier par son aspect qui nous dicte d'en « faire plus ». Pourtant, nous devons considérer les aspects très réels et troublants de croire que nous sommes ce que nous faisons.

Dans le film, David perd son estime personnelle à cause des enseignements de l'ego. Il devient dépressif et se sent complètement perdu, tout cela parce qu'il a adhéré à l'ego qui prétend que sa valeur comme individu dépend de ce qu'il accomplit. Pour David, ne pas obtenir le projet de film qu'il convoite lui fait croire qu'il ne vaut rien. Il s'agit d'une fausse conclusion basée sur une vie gouvernée par le faux soi.

C'est là le danger d'écouter l'ego plutôt que le moi authentique. Chaque fois que nous avons l'impression d'avoir échoué, nous mettons la valeur de notre être en péril. Lorsque nous sommes malades ou blessés et que nous ne pouvons plus exceller suivant nos standards, nous devenons alors des candidats à la dépression ou susceptibles de subir une multitude de maux. Durant le processus de vieillissement naturel, nous constatons la diminution graduelle de nos capacités physiques. Il est fort probable que la génération suivante dépassera nos réalisations, ce qui se produit régulièrement dans les sports de compétition, comme la natation et la course. Finalement, comme nous ne sommes plus en mesure d'en faire autant qu'avant, il nous semble que notre valeur en tant qu'être humain « agissant » se détériore. Mais ce scénario est seulement vrai si nous écoutons un faux maître, notre ego.

J'ai atteint un âge que beaucoup qualifient du « temps de la retraite ». Mais j'ai pratiqué l'ignorance de mon ego à cet égard, depuis plusieurs années. Je ne suis pas mon travail. Je ne suis pas mes réalisations. Je ne suis pas ma carrière. Je vis, respire et travaille à partir de mon moi authentique. Comme je l'ai dit dans le présent ouvrage, et dans de nombreux autres livres, je ne *fais* pas un travail d'écriture ; j'écris, et écrire, c'est moi. Je suis simplement le conseil de Lao-tzeu qui consiste à vivre d'après le grand Tao (la Voie) qui anime toutes choses en ne faisant rien. Cela étant le cas, comment le concept de la retraite est-il même possible ? Comment prendre ma retraite de qui je suis ? Ce que je suis permet mon écriture actuelle, mes conférences, et tout le reste.

Mon conseil au sujet de renoncer aux présomptions de l'ego consiste à vivre en fonction de notre moi authentique. Ensuite, quand nous en sommes capables, nous devons remplacer l'ambition par le sens. Lorsque nous effectuons le virage vers le sens, nous constatons l'absurdité de considérer pouvoir un jour prendre notre retraite de qui nous sommes. J'ai toujours apprécié l'observation de Picasso concernant l'évaluation de nous-mêmes en fonction de ce que nous faisons : « Quand je travaille, a-t-il dit, je laisse mon corps à la porte, à la manière des musulmans, qui retirent leurs chaussures avant d'entrer à la mosquée[31] ». Il est possible de traiter notre travail de la même façon, en laissant le corps à la porte et en permettant à l'âme de *faire*.

« Je suis ce que les autres pensent de moi »

Tout au long de la vie, nous sommes bombardés par les messages de l'ego qui tentent de nous convaincre que notre valeur dépend des

1. *Treasury of Spiritual Wisdom.*

observations et des opinions des autres. Encore une fois, ce faux soi affirme que la vérité réside dans la validation de soi par les autres. Il est nécessaire de nous rappeler qui nous sommes en réalité : des pièces divines de l'ensemble, des expressions individualisées de Dieu, créées à partir du grand rien. Notre moi authentique est le même que de là d'où nous venons. Notre connexion à notre moi divin demeure saine et forte, tant que nous savons reconnaître et proscrire l'idée fausse que la validation de notre estime personnelle vient de l'extérieur.

Malheureusement, il est vrai qu'on nous enseigne très tôt à croire plus les opinions des autres que celles que nous avons de nous-mêmes. Nous tenons nos parents, nos frères et sœurs, nos amis, nos professeurs – dans certains cas, toutes les personnes présentes dans nos jeunes vies – en plus haute estime que nous-mêmes. Nous sommes convaincus que si quiconque parmi eux nous désapprouve, nous devrons respecter son opinion, avant la nôtre. Cette immersion dans les faux enseignements de l'ego érode graduellement notre estime personnelle, ce qui nous amène à douter de notre divinité.

L'estime de soi provient des croyances positives que nous entretenons à notre sujet et non de l'approbation des autres. Le guide mondial de survie de l'ego dicte que nous sommes des êtres physiques sans noyau spirituel. Il poursuit l'idée fausse que notre valeur est déterminée par ce que les autres choisissent de penser de nous.

Si nous connaissons notre véritable identité, nous pouvons ignorer ces messages de l'ego et ne considérer les opinions des autres que pour ce qu'elles sont : simplement les leurs.

Malheureusement, l'ego essaie, plus souvent qu'autrement avec succès, de nous détourner de notre conscience de notre nature spirituelle. Inconscients de son influence, nous consacrons beaucoup de temps à tenter d'obtenir l'approbation de tous ceux que nous rencontrons. Quand nous ne l'obtenons pas, nous commençons à intérioriser ces évaluations extérieures, et à passer une bonne partie de notre vie à essayer d'être ce que nous pensons que les autres veulent que nous soyons.

Croire que ce que nous sommes est défini par ce que les autres pensent paralyse la joyeuse spontanéité de notre moi authentique. Si les autres désapprouvent et que leur opinion nous définit, nous modifions alors notre comportement naturel ou nous reculons. Notre image de nous-mêmes se situe chez eux et lorsqu'ils nous rejettent, nous ne « sommes » plus rien. La façon de l'ego de traiter ce dilemme consiste à s'adapter aux opinions de tout le monde. Si les autres nous croient stupides, nous tentons de les convaincre du contraire en essayant d'être la personne qu'ils veulent que nous soyons. Nous cessons d'exister autrement que sous la forme du reflet de ce que les autres pensent.

En réalité, ce que ce que vous êtes n'a absolument rien à voir avec les pensées ou les opinions de quiconque en ce monde. Point final.

La personne dont vous avez recherché désespérément l'approbation pourrait changer d'avis demain, et plutôt que de penser que vous êtes intelligent, beau et talentueux... décider que vous êtes un balourd inintéressant à fréquenter. Si vous écoutez votre moi authentique, vous ne serez aucunement affecté par de tels jugements. Toutefois, si votre faux moi domine votre pensée, vous serez profondément atteint. C'est ainsi que l'ego vous leurre, en vous incitant à ignorer votre moi véritable.

Lorsque la recherche de l'approbation est le principe directeur de la vie, il est pratiquement impossible de développer une relation amoureuse avec un autre être humain. Nous ne pouvons pas donner ce que nous n'avons pas. Nous ne pouvons pas donner de l'amour et du respect aux autres lorsqu'il nous faut les trouver pour nous-mêmes dans le jugement des autres. L'ego favorise un état permanent de peur, de confusion et de malheur.

Alors, qu'est-ce que toute cette recherche d'approbation et toute cette faible estime de soi ont à voir avec l'ambition ? Brièvement, c'est qu'on nous enseigne à rechercher l'approbation et la validation de pratiquement toutes les personnes en position d'autorité, toute notre vie, et avec le plus d'ambition possible. L'ambition signifie presque toujours de reléguer au second plan notre propre vie et nos propres opinions. Nous apprenons à plaire à nos parents, à nos professeurs, aux figures d'autorité et aux patrons. Et comment cela se produit-il ? En plaçant leurs opinions au-dessus des nôtres. Ce processus s'accomplit jour après jour, mois après mois, et année après année, dans le subconscient. Le résultat : un faux soi basé sur l'ego.

Lorsque nous accordons plus de crédit aux opinions des autres qu'à ce que nous pensons, nous nions la sagesse même qui nous a créés. Plus nous intégrons ces croyances égoïstes, plus nous avons tendance à croire en notre propre importance. Notre désir d'accumuler et de réaliser finit par nous faire oublier que notre valeur intrinsèque représente contre connexion à notre moi spirituel. Autrement dit, notre lien avec la source de notre être s'obscurcit en faveur de l'ego, qui prétend que nous sommes ce que l'ego des autres pense de nous !

Cette leçon a eu beaucoup d'importance pour moi au fil des années. Lorsque je parle ou que j'écris, je suis confronté à des opinions différentes des miennes. Je sais que si je m'adresse à un millier de gens, il y aura mille opinions différentes dans la salle. Ma réputation ne se situe pas en moi, mais dans les gens qui me lisent ou qui écoutent ce que j'ai à dire. Par conséquent, j'ai appris à ne pas me préoccuper de ma réputation. Puisqu'elle n'est pas à l'intérieur de moi, je porte mon attention sur ma personnalité plutôt que sur la façon dont les autres me perçoivent. Mon principal lien dans la vie est avec la source de mon être (avec Dieu, si vous voulez). « N'imaginez pas qu'une personne qui ne croit pas en elle-même puisse avoir foi en Dieu », a déclaré Paramananda, et cela me rejoint de près. Si je choisis de renoncer à ma foi en moi-même en écoutant les instances de mon ego, alors je ne peux pas croire en la source de mon être, car les deux sont entrelacés.

Ces trois premières composantes de l'ego (« Je suis ce que je possède, ce que je fais et ce que les autres pensent de moi ») se concentrent sur le désir d'ériger la croyance suivant laquelle l'Univers n'existe que pour nous et sur le fait que nous sommes cotés en fonction de la quantité de biens accumulés, du nombre de nos réalisations et de médailles du mérite que nous parvenons à obtenir ; c'est-à-dire que nos acquisitions, nos actes et nos réputations sont au premier plan.

Les trois prochaines composantes de notre ego s'organisent autour du désir de nous distinguer comme quelqu'un d'original, d'unique et de différent du reste du monde dans l'Univers.

« *Je suis distinct de tous les autres* »

Au sens de l'ego, l'ambition veut nous faire croire que seule notre propre personne compte. Si nous sommes bien endoctrinés, il est très difficile d'envisager que la Terre ne puisse exister sans nous, ni même que la planète n'ait une raison d'être ! Le mot clé dans ces trois dernières composantes du bilan de l'ego est *séparation*.

Si nous croyons être à part et distinct de tout le monde, nous suivons le programme du faux soi. Mais souvenez-vous que nous venons du non-être, caractérisé par l'unité. Laissez cet énoncé de Thomas Merton prendre racine en vous : « Nous sommes déjà Un. Mais nous croyons ne pas l'être. Nous devons donc récupérer notre unité originelle. » Les mots de Merton sonnent juste et nient le principe suivant lequel chaque être est à part.

L'ego insiste sur cette séparation, car c'est ainsi qu'il déjoue l'allégeance au moi authentique. Lorsque nous reconnaissons et respectons notre connexion les uns avec les autres ; l'air que nous respirons, l'eau que nous buvons et le soleil sur lequel nous comptons ; et, plus important encore, la Source invisible qui nous anime, l'ego peut retourner à sa place.

L'affirmation de Ramana Maharshi suivant laquelle « il n'y a pas les autres » est délicieusement provocante et, selon moi, enlève toute crédibilité à l'ego. Celui-ci survit et prospère sur la base de la croyance de notre indépendance vis-à-vis des autres. Cela sert de motivation à l'ambition, car nous exerçons alors notre mentalité de comparaison au moyen de pensées comme : « je suis plus beau, plus intelligent, plus talentueux et je suis meilleur que les autres », etc. Grâce à cette attitude, profondément ancrée, nous veillons à prouver notre supériorité par rapport aux autres. Si nous prenons conscience qu'il n'y a pas de distinction, nul besoin de prouver notre supériorité, puisqu'il n'y a pas les autres.

Par contre, quand notre lien aux autres domine nos croyances, nous n'éprouvons pas le besoin de vaincre qui que ce soit, de lutter pour nos droits, de faire la guerre, de profiter des autres, ou constamment essayer d'être un gagnant. En revanche, voir Dieu s'épanouir dans chaque personne signifie qu'il n'y a pas de conflit, puisque nous nous voyons dans les autres. Nous comprenons la sagesse de cette observation : « Lorsque vous jugez les autres, vous ne les définissez pas ; vous vous définissez alors vous-même comme quelqu'un ayant besoin de juger. » Nous sommes incapables de saisir l'idée d'« ennemi » et, par conséquent, incapables de participer au massacre d'un membre de l'humanité ni faire la guerre. Comme les Amérindiens aiment affirmer : « Aucun arbre n'a de branches assez stupides pour se battre les unes contre les autres. »

L'étude de l'histoire de l'humanité révèle que nous avons été en guerre avec chacune des branches du même arbre pendant plus de 95 % de l'Histoire, depuis qu'elle est consignée. Ceci est le résultat de l'ego qui nous convainc que nous sommes à part et avons besoin de lutter, de contrôler et de vaincre « les autres » qui habitent de l'autre côté du fleuve, parlent une langue différente, pratiquent une religion différente ou ont des rituels culturels différents. La concurrence, les batailles, les escroqueries, la haine et les conflits de toutes sortes proviennent du faux soi que l'ego crée quand nous lui permettons de nous convaincre de devoir préserver l'illusion de notre sentiment d'être à part.

L'ambition est si souvent une incitation à exceller en nous croyant supérieurs aux « autres ». La réalité est que *les autres* sont nous déguisés en *les autres*. Au lieu de remarquer notre unité, nous nous concentrons sur la différenciation que l'ego perpétue. Comme le dit Lao-tzeu dans le *Tao-tê-king* :

> *Capturer l'ennemi sans jamais l'affronter Brandir une arme inexistante Sous-estimer son ennemi voilà le pire, C'est déjà perdre son trésor.*
>
> (Verset 69)

Le trésor est la force unifiante universelle qui se trouve en toutes choses : le Tao qui sait tout.

Au sujet du besoin de l'ego de croire que chacun est à part, les Upanishads disent « Lorsque pour un homme qui comprend, le Soi est devenu toutes choses, quel chagrin, quel souci peut éprouver celui qui a déjà vu cette unité ? » Cela est illustré dans le film *The Shift*. L'homme d'affaires, Chad, se croit tellement à part qu'il dirige sa compagnie sans se préoccuper de son impact sur les autres ou sur l'environnement. Vers la fin du film, il commence à remarquer l'esprit avec lequel Joe, le propriétaire du centre de villégiature où Chad et sa femme séjournent, s'occupe de ses hôtes. Quand Chad fait un don substantiel à l'organisme de bienfaisance *Maison de la promesse et de l'espoir,* son sourire nous indique qu'il a compris qu'il y a autre chose dans la vie que de gagner de l'argent au détriment des autres.

« Je suis distinct de ce qui manque dans ma vie »

Une vieille légende raconte l'histoire d'un jeune garçon qui vivait dans un petit village. Ce garçon avait les qualités d'un avatar, et les gens étaient guéris en sa présence. De nombreux villageois parlaient de sa capacité à se trouver en deux endroits en même temps. Son visage était paisible, et il irradiait la tranquillité. Les plus âgés de la tribu imploraient ce jeune avatar de leur dire les secrets de Dieu et de l'univers. L'un d'eux lui dit : « Je te donnerai une orange, si tu me dis où est Dieu ». Le jeune saint répondit sans hésiter : « Je te donnerai deux oranges, dès maintenant, si tu peux me dire où Dieu *n'est pas* ».

Le cinquième composant de l'ego, notre faux moi, refuse de croire qu'il n'existe pas de lieu où Dieu n'est pas. (*Dieu* est le terme que j'utilise ici en référence à la Source créatrice responsable de toute la création.) L'ego s'intéresse particulièrement à notre croyance suivant laquelle il nous manque des choses dans notre vie. Il insiste sur le fait que nous ne sommes pas connectés à une source créatrice invisible, parce qu'il obtient son identité en faisant abstraction de Dieu. Si nous commençons à croire que nous sommes liés en permanence à Dieu, la raison d'être de l'ego disparaît. S'il n'y a pas de lieu où Dieu n'est pas, alors Dieu est en chacun de nous aussi bien que dans tout ce que nos sens interprètent comme des éléments manquants dans nos vies. Cela signifie que d'une façon invisible, nous sommes connectés à tout ce que nous percevons comme manquant. La question serait alors de se demander : « comment réaliser les choses que nous désirons et qui ne semblent pas disponibles ? » La réponse consiste à nous rééquilibrer d'une manière qui permette à ce que nous recherchons de s'harmoniser avec nous.

Sauf que l'ego veut que nous luttions, établissions des objectifs, croyions au manque, fassions concurrence aux autres qui recherchent les mêmes éléments manquants – voire même que nous nous battions pour les trouver – pour finalement ne pas obtenir satisfaction. Pourquoi insatisfait ? Parce que la méthode de l'ego ne permet pas d'arriver au sens de vivre en paix et d'être content dans le précieux instant présent. La méthode de l'ego consiste à être ambitieux au sens de chercher, de lutter et de désirer toujours plus. L'ego utilise sa force pour nous encourager à maintenir le statut d'être une personne ambitieuse.

L'ego définit l'ambition comme la lutte pour être meilleur que tous les autres, gagner à tout prix, accumuler plus de biens matériels et être perçu par les autres comme ayant brillamment réussi. Manifestement, l'ego nous demande de rejeter toute idée d'être liés dans l'unité de tout ce qui existe dans le monde. Nous devons plutôt prouver notre alignement avec l'ambition, à partir de nobles objectifs. Plus nos buts sont élevés, plus notre statut de personne ambitieuse grandit. Et plus nous croyons que nos objectifs doivent être grands, plus nous prenons conscience de ce qui manque.

L'ego crie « Ce que tu es ne suffit pas ! Ne vois-tu pas que tu ne possèdes pas assez de biens ? Tes moyens pour acquérir tous les biens dont tu as besoin pour prouver ta valeur sont insuffisants. Si tu ne dépêches pas, quelqu'un d'autre y arrivera avant toi ! Et tu devras te battre pour obtenir la quantité limitée disponible ! » Ces messages nous empêchent de vivre depuis la perspective de notre moi authentique.

Notre moi véritable sait que nous n'avons pas besoin de plus pour être reconnu, et que s'imaginer avoir besoin de plus pour être heureux pourrait être la définition de la folie. Il sait aussi qu'il n'y a pas de carence dans cet univers. Mais l'ego est terrifié face à la croyance que l'abondance et la satisfaction sont déjà disponibles. L'ego veut que nous soyons convaincus que l'ambition représente une bonne façon d'assouvir notre insatisfaction face à tout ce qui nous manque dans la vie. Mais nous n'éliminerons jamais ce mécontentement ! L'ambition, au sens de l'ego, peut vouloir dire de passer notre vie à chercher à atteindre un autre lieu, qui sera presque instantanément remplacé par un autre manque. Cette course acharnée est nourrie par l'idée que ce n'est jamais assez.

Toutefois, nous avons le pouvoir d'éliminer cette folle idéologie de l'ego et de vivre plutôt dans le contentement. Dans le processus, notre connexion à chacun et à chaque chose sera précisée. Plutôt que de lutter pour ce que nous percevons comme manquant, et donc d'être incapables de trouver satisfaction, nous pouvons nous détendre en harmonie avec la source de notre être. Nul besoin alors de mettre Dieu de côté, puisque nous nous reposons dans l'unité. L'ego semeur de trouble n'est d'aucune utilité.

J'ai l'impression que la logique pourrait alors dicter ceci :

Dieu (l'Esprit ou le Tao) est partout.

Par conséquent, Dieu est en moi.

Dieu est dans tout ce que je perçois comme manquant.

Conclusion : je suis connecté par l'Esprit à tout ce qui me semble manquer.

Suggestion : s'aligner avec l'Esprit et voir ce qui semblait manquer commencer à apparaître.

Le naturaliste John Muir a décrit ce phénomène de la façon suivante : « Lorsque nous essayons de choisir quelque chose en soi, nous découvrons que cette chose est attachée à tout le reste dans l'Univers. » Nous devons simplement porter attention à cette vérité fondamentale et ignorer l'insistance de l'ego qui nous incite à lutter avec acharnement pour obtenir ce que nous voulons.

« Je suis distinct de Dieu »

Dans cette sixième composante, l'ego continue de décrire notre façon de mettre Dieu de côté en croyant que nous ne sommes pas semblables à d'où nous venons. L'essence de Dieu et notre moi temporel demeurent bien installés dans des compartiments distincts. L'ego est terrifié à l'idée que nous puissions croire faire partie de Dieu. Sa position dominante est condamnée, si nous prenons conscience de notre divinité. Naturellement, l'une des principales fonctions de l'ego consiste à nous faire croire que nous sommes deux entités distinctes et séparées.

La conscience collective de l'humanité nous influence douloureusement et inutilement en croyant et en se comportant comme un dieu conçu par l'ego. Quelques-uns des attributs de cette déité, inventée par l'ego, sont les suivants : accorder des préférences, éprouver un besoin impérieux d'opulence, promouvoir de tuer et faire la guerre, accepter la complaisance pour des faveurs spéciales, punir les mauvais comportements et avoir besoin de se venger. Ceux-ci, ainsi que bien d'autres attitudes, illustrent un dieu créé par les illusions de l'ego collectif.

Tout au long de l'histoire, ce créateur conçu par l'ego, et fabriqué par l'homme, a été personnifié comme étant différent de nous. Qui parmi nous n'a pas entendu parler de Dieu sous la forme d'un homme blanc, mort, à la longue barbe, flottant dans les cieux, possédant des pouvoirs surnaturels, veillant sur nous à la manière d'un groom qui répondra parfois à nos prières, suivant ses caprices et dans la mesure où nous avons obéi à ses règles ? Cette entité nous est présentée non pas comme une source divine de nature totalement généreuse, mais plutôt comme une super puissance d'humeur imprévisible, qui diffère sa capacité à résoudre nos problèmes ou à guérir nos maladies selon qu'il est ou non d'humeur à nous accorder ces faveurs. C'est un créateur de l'ego, inventé par lui et consacré à servir ses exigences. C'est un créateur qui doit, en raison de son propre ego, être séparé des sujets qu'il doit surveiller, contrôler et punir au besoin.

Que faut-il faire pour sortir de ce système de croyances nuisible ? Certainement ignorer l'ego, comme Ramana Maharshi le suggère dans la citation qui ouvre le présent chapitre et qui est symboliquement attrayante. Dans le film *The Shift*, je suggère de penser à notre relation avec Dieu ou le grand Tao en imaginant l'océan comme symbole de Dieu, et chacun d'entre nous représenté par un petit verre d'eau de l'océan. Si on nous demandait ce qu'il y a dans le verre, nous pourrions répondre « un verre de Dieu. Pas aussi grand ni aussi fort, mais c'est un verre de Dieu ». Si nous vidions le verre d'eau sur le trottoir, nous verrions l'eau s'évaporer. En définitive, l'eau retournerait à sa source. Pendant que l'eau de l'océan se trouve dans le verre, séparée de sa source, elle n'a pas le pouvoir de l'océan. Mais lorsqu'elle rejoint sa source, elle fait de nouveau partie du puissant océan. L'eau répandue sur le trottoir, qui a perdu sa connexion à la source, est un symbole de l'ego.

*

* *

Dans la seconde moitié de ce livre, nous découvrirons comment maintenir notre connexion à la Source et notre moi authentique dans ce monde. Nous apprendrons comment passer de l'ambition de l'ego, et de l'inévitable évaporation de son pouvoir, à l'unité du sens joyeux, quand nous réalisons que nous sommes bien davantage que nos possessions, nos réalisations et nos réputations. Le virage vers le sens élimine notre sentiment d'être à part et illumine notre connexion spirituelle.

CHAPITRE 3

VERS LE...

Sans absolument aucune préparation, nous entrons dans l'après-midi de la vie ; pire encore, nous le faisons en étant faussement persuadés que les vérités et les idéaux qui nous avaient accompagnés jusqu'ici seraient encore utiles. Mais nous ne pouvons pas vivre l'après-midi de la vie en suivant le programme du matin ; car ce qui était grand le matin sera petit le soir et ce qui était vrai sera devenu un mensonge.

The Stages of Life, de Carl Jung[1]

Le titre de ce chapitre signifie le pas à franchir pour nous *éloigner* des exigences de l'ego (le faux soi qui se nourrit de l'ambition) pour nous *diriger vers* le soi authentique (nourri par le sens et qui nourrit celui-ci). Jung utilise le matin de la vie comme métaphore pour illustrer que c'est très tôt que nous permettons à l'ego

1. *The Portable Jung*, de Carl Jung, édité par Joseph Campbell, publié par Viking Penguin Inc.

d'exercer une influence dominante. Mais vient le moment pour chacun de réaliser que cette influence est tellement fausse et inappropriée qu'elle se rapproche du mensonge.

Carl Jung nous dit que « les vérités et les idéaux » que nous apprenons au cours des années où nous construisons une croyance en le faux soi sont des guides inefficaces pour atteindre l'après-midi et le soir de la vie. Le virage commence entre le matin et l'après-midi, au moment où nous cherchons à ajouter « quelque chose de plus » à notre existence. Nous commençons alors à nous diriger vers une vie gouvernée par notre âme qui réclame plus de sens, par contraste avec les propositions illusoires de l'ego. Jung nous prévient que la guidance de l'ego se révèle fausse, lorsqu'on l'applique à la métaphore de l'après-midi et du soir de la vie.

Le présent chapitre explore l'option de changer la direction que l'ego veut que nous prenions, en faisant demi-tour vers « nos origines ». Encore en pleine possession de nos moyens comme être humain, nous choisissons la voie qui consiste à remplir notre dharma (ce qui constitue notre vraie nature), c'est-à-dire le sens de notre vie. Le demi-tour représente le virage de l'ambition pour retourner à notre lieu d'origine, afin de remplir la promesse de l'après-midi et du soir de notre vie. Cette promesse est une vie comblée de sens.

Faire demi-tour

La *direction* que nous prenons dans la vie est de loin plus importante que le *lieu* où l'ego nous maintient, dans le moment présent. Par exemple, nous interroger sur la direction que nous avons prise est beaucoup plus appropriée que de nous inquiéter de notre poids ou de notre dernière cigarette. Prendre l'engagement de changer un mode de vie autosaboteur revient à décider de changer de voie. C'est alors que nous pourrons régler un problème de poids ou de dépendance. Nous diriger vers quelque chose de plus motivant et de plus sensé est encore plus significatif.

Si nous continuons à écouter les exigences de l'ego, nous nous éloignons de la source de notre être. L'ego insiste sur le principe d'acquérir toujours davantage : plus de biens matériels, plus de réalisations, plus de statuts, plus de victoires et plus d'argent. *Plus* est le mantra de l'ego qui nourrit des efforts sans fin assortis de la fausse promesse d'éventuellement y arriver. Toutefois, chaque point d'arrivée est séduisant et suscite le désir d'en vouloir encore plus, à moins de choisir de changer la direction de notre vie. Le virage commence par le choix de stopper la dynamique et la suffisance de l'ego, pour ensuite aller délibérément en sens inverse. Cela ne signifie pas de perdre notre élan, mais plutôt de réaligner celui-ci sur une vie basée sur le sens et la raison d'être.

L'ambition est dorénavant nourrie par la source de notre être et elle vibre à une fréquence plus élevée que le faux soi nourri par l'ego. Retourner vers notre source naturelle, « nos origines » que j'ai décrites précédemment nous mettent sur la voie d'un mode de vie qui encourage la potentielle plénitude que nous sommes.

Voici certains signes qui nous indiquent que nous sommes prêts à faire demi-tour pour passer de l'ambition vers le sens :

L'insistance de l'ego pour faire et posséder plus devient moins attrayante

Nous commençons plutôt à nous intéresser à *vers où* nous allons. Progressivement, nous entendons murmurer en nous des questions comme « Est-ce cela, la vie ? » « À quoi ça sert ? » et « Quel est le sens ? » Nous remettons en question notre part de l'ego qui semble se poser en responsable en nous disant que la vie, c'est ce que nous faisons et ce que nous possédons. Nous commençons à transférer notre attention vers notre source, qui, elle, dit le contraire.

Le Tao-tö-king nous indique de lâcher prise sur tout, de nous détacher de tout. Cette partie du 81e verset répond très précisément à la voix défiante de l'ego :

Le Sage se garde d'amasser Plus il vit pour les autres et plus il s'enrichit Plus il dispense aux autres et plus il est comblé.

Nous remarquons que la vie commence à prendre une direction différente, dès que nous nous mettons en piste, de retour vers notre maison, au sens métaphorique. Nous commençons à comprendre que nous gagnons plus en nous détachant du besoin d'acquérir et d'accumuler. Ce dernier point est souligné dans mon film, lorsque Chad, le directeur général, se détache de son désir d'acquérir en libellant un chèque au nom de *la Maison de l'espoir et des promesses*. Cette séquence est suivie de la scène dans laquelle il offre à son épouse des églantines, qui symbolisent sa décision de changer l'orientation de sa vie.

Changer de direction, en passant d'une existence moins authentique à une qui l'est davantage, ne veut pas dire de ne plus être en mesure d'attirer l'abondance et la prospérité ni de perdre notre désir d'être productif. Cela suppose plutôt de ressentir la grâce naturelle d'être en harmonie avec notre complétude.

Nous commençons à faire moins plutôt que plus

Notre source nous encourage à être comme le Tao et à faire moins. Lao-tzeu affirme qu'en ne faisant rien, tout est fait. De la même façon,

Jésus nous dit : « Regardez les oiseaux du ciel : ils ne sèment ni ne moissonnent, et ils n'amassent rien dans des greniers ; et votre Père céleste les nourrit. » (Matthieu 6:26). Ce virage est loin de l'ambition qui consiste à « conquérir le monde », ce à quoi Jésus se réfère, quand il demande « Et que sert-il à un homme de gagner tout le monde s'il perd son âme ? » (Marc 8:36).

Dans le cheminement « vers » – c'est-à-dire le retour à notre nature originelle – nous faisons davantage que ce que le mouvement du rétablissement nous enseigne en nous disant de « lâcher prise et de laisser Dieu s'en occuper ». Sans nous mettre de la pression pour nous réaliser à tout prix, nous atteignons la merveilleuse position d'accomplir davantage, et finissons par ressentir plus de signification dans notre vie.

Nous commençons à fuir les feux de la rampe pour fonctionner davantage dans l'ombre

La source de notre être dit que l'humilité devrait être notre première préoccupation. Mais, durant des années, l'ego nous a convaincus avec efficacité de nous concentrer à acquérir la réputation d'une personne ambitieuse. Dans le virage de l'ambition vers le sens, nous absorbons la vérité du Tao et nous découvrons attirés par des énoncés tels que celui-ci, tiré du verset 73 : « La

Voie du Ciel est celle qui vainc sans batailler. » Notre désir de marques d'approbation se transforme et tourne le dos aux exigences de l'ego. Jésus s'exprime en opposition à l'ego, lorsqu'il dit : « Car celui qui est le plus petit parmi vous est le plus grand » (Luc 9:48). Imaginez la difficulté de l'ego quand nous commençons à pratiquer ce genre d'humilité radicale !

L'ego se nourrit des marques d'approbation des autres et il n'est donc pas surprenant que nous apprenions à adopter un mode de vie qui les cherche constamment. Nous le faisons depuis l'enfance. En inversant le mouvement et en commençant à diminuer notre suffisance, nous devenons indépendants de l'opinion des autres, qu'elle soit bonne ou mauvaise.

La croyance dans l'unité remplace celle d'être à part

L'ego a insisté longtemps sur le fait que nous sommes distincts de tous les autres et donc spéciaux. Cette conviction obstinée signifiait que nous nous comparions constamment aux autres et rivalisions pour obtenir ce que nous désirions ; nous avons appris à nous battre et même à faire la guerre, pour soutenir cette notion. Le conflit est une partie nécessaire de la croyance de l'ego qui dit que nous sommes à part, et le besoin de dominer et de détruire les autres fait partie de cette mentalité.

En retournant vers « nos origines », un sentiment d'unité remplace peu à peu celui d'être à part. La source de notre être nous dit que nous sommes tous liés les uns aux autres et le désir de rivalité s'estompe, le goût de dominer est remplacé par la compassion, et contrôler les autres n'a plus d'attrait. Le langage de l'Esprit nous informe, dans le langage du Tao-tê-king, de ne jamais songer à conquérir les autres par la force, car tout ce qui est imposé se dégrade rapidement. Ce n'est pas en harmonie avec la Voie. Tous les conflits, personnels ou à l'échelle mondiale, surgissent quand nous nous éloignons de la source de notre être. Grâce à sa croyance en la distinction, l'ego nous dirige vers la force plutôt que le pouvoir. Les paroles de Jésus sont encore une fois en harmonie avec l'ancien Tao : « Heureux ceux qui procurent la paix, car ils seront appelés fils de Dieu ! » (Mathieu 5:9).

L'un des personnages dans *The Shift* est en harmonie totale dans son unité avec les autres. Il s'appelle Joe et, au départ, on ne sait pas exactement s'il est concierge, jardinier ou peut-être garçon de table. Mais on voit bien qu'il n'est pas prétentieux ; il se montre calme, sensible et sincèrement joyeux avec tous les hôtes du centre de villégiature. Le sens et la raison d'être ont remplacé, chez Joe, tout besoin d'ambition et de contrôle. Tout au long du film, il illustre le genre de comportement qui survient lorsque nous sommes conscients du lien qui nous unit à tous.

Nous commençons à réaliser
que nous sommes liés en esprit
à tout ce que nous croyons
qu'il manque dans notre vie

Durant le matin de la vie, l'ego a insisté sur le fait que nous sommes à part de tout ce qui manque dans notre vie et qu'il faut courir après nos désirs. Il nous pousse à lutter, à nous battre, à travailler fort et à appliquer une approche de la vie délibérément ambitieuse, car il a décrété que c'est ainsi que nous serons considérés par les autres comme ayant réussi. Convaincus que nous sommes à part, nous en concluons que ce qui manque vient de cet état de fait. Pourtant, nous venons d'une unité qui ne connaît pas cela. La source de notre être nous rappelle gentiment que nous sommes liés à tout, et donc aussi à ce que nous pensons qui manque.

Ce chapitre nous incite à faire le virage, c'est-à-dire à retourner vers quelque chose qui n'est pas familier à l'ego. Le Tao-tê-king nous rappelle que le grand Tao est omniprésent, autrement dit qu'il n'y a pas de lieu où il n'est pas. Et Jésus proclame : « Le royaume de Dieu est au milieu de vous » (Luc 17:21). L'ego, en revanche, définit le fait d'être à part comme la séparation de tout ce que nous ne pouvons pas saisir avec nos sens.

Lorsque nous reprenons la voie pour nous reconnecter à la Source, le parcours est parfaitement illustré par un alignement dans lequel nous pensons et agissons comme le Tao qui circule partout. Le Tao qui « couvre toutes les créatures comme le ciel, mais sans les dominer. Toutes choses y retournent comme à leur lieu de résidence, mais le Tao ne les traite pas de haut ». Tandis que nous empruntons cette direction, il n'y a aucune possibilité de pénurie ou de manque. Nous sommes alors contents et reconnaissants de ce que nous avons.

Nous commençons à faire confiance à la sagesse qui nous a créés

L'ego nous dissuade constamment de croire en notre Divinité, puisqu'il insiste sur le fait que nous sommes distincts de Dieu. La source de notre être nous dit, elle, que nous sommes une partie inséparable de Dieu. Si nous croyons ce que Jésus a enseigné, que « Moi et le Père sommes un » (Jean 10:30), alors l'ego n'a pas de raison d'être.

En entreprenant notre voyage de retour, nous voyons la sottise de continuer à croire que la source de notre être pourrait être distincte de nous. Nous savons que nous ne sommes pas des créatures distinctes, craintives, dépendantes d'un dieu d'humeur variable, et parfois malveillant, pour notre survie. Nous commençons à nous percevoir comme Lao-tzeu le décrit : « s'occuper du corps et de l'âme, mais en embrassant l'Un ». Nous abandonnons la concentration matérielle de l'ego et ne pouvons plus nous voir distincts de Dieu.

En devenant Un avec notre source, nous commençons le processus de réalignement, en pensant et contemplant davantage comme Dieu. Nous acquérons la sagesse nécessaire pour comprendre ces mots de Thomas Troward : « Si vous réfléchissez en vous harmonisant à l'Esprit, vous détenez alors le même pouvoir que celui-ci. » Cette idée est l'anathème de l'ego. Mais l'unité, la plénitude que nous sommes réellement, se révèle lorsque nous commençons à faire confiance à la sagesse qui nous a créés.

À quoi nous attendre au moment de changer la direction de notre vie

Comme pour tout ce qui est nouveau, passer du matin de la vie à l'après-midi, puis au soir, produira quelques situations surprenantes. Cette nouvelle direction, le virage de l'ambition vers le sens, est souvent accompagnée d'un événement inattendu.

J'ai constaté que chacun de mes progrès spirituels était précédé par une forme de chute. D'ailleurs, c'est pour ainsi dire une loi universelle qu'une sorte de chute précède toujours un virage important. Une chute peut être un événement embarrassant qui révèle l'influence exagérée de l'ego dans la vie de quelqu'un, ce qui a certainement été mon cas lorsque j'ai été poussé à mettre un terme à ma dépendance à l'alcool. Les chutes peuvent prendre d'autres formes, comme un accident, un incendie qui détruit tous les biens que nous avons travaillé à accumuler, une maladie, une rupture, un décès ou une blessure qui cause un profond chagrin, un abandon, une dépendance sévère, l'effondrement d'une entreprise, une faillite, etc. Toutefois, ces périodes creuses génèrent l'énergie nécessaire pour nous éloigner de l'ego, afin d'entrer dans une vie ayant un but.

À l'école secondaire, j'étais le plus haut perchiste de l'équipe de garçon. Pour arriver à me propulser par-dessus la barre, je m'accroupissais d'abord au maximum. Ainsi, je créais la position nécessaire pour pouvoir m'élancer par-dessus la barre. À mes yeux, c'est symbolique de ce qui se passe avant un virage : au sens métaphorique, descendre peut vouloir dire prendre son élan pour accéder à l'énergie nécessaire, afin de changer la direction de notre vie.

Chaque chute renferme le potentiel de nous emmener plus haut. Il peut être nécessaire de nous enfoncer dans les ténèbres de l'âme, afin de nous libérer de l'emprise d'un ego bien installé. « La chance se cache dans toute malchance » est un concept du Tao qui semble encourager la valeur de ces périodes de la vie où nous faisons l'expérience d'une chute. Sans cette malchance, la chance n'est pas accessible.

Elisabeth Kübler-Ross placent ces événements dans la catégorie du travail de la nature : « Si vous mettiez les canyons à l'abri des tempêtes, vous ne pourriez jamais admirer la beauté de leurs formes[1] ». Les tempêtes de la vie sont éventuellement des événements qui ont un sens, et nous pouvons nous en servir pour nous propulser en avant. En fait, je soutiens que plus haut nous plaçons notre raison de vivre, plus les chutes que nous risquons de faire seront importantes.

Une légère attaque cardiaque m'a aidé à prêter plus d'attention à la souffrance des autres. Avoir vécu dans une série de foyers d'accueil m'a appris à devenir plus autonome, dès le plus jeune âge, ce qui m'a amené à enseigner l'autonomie. La rupture profondément douloureuse d'avec mon épouse m'a permis d'écrire avec davantage de compassion. Je suis venu ici pour accomplir de grandes choses, voyez-vous. Par conséquent, je ne suis pas surpris que les défis et les chutes soient de grande envergure. En fait, j'ai maintenant l'impression que chaque grand défi représente une occasion de croître vers un plus haut niveau spirituel, là où la gratitude remplace graduellement le remords.

J'adore cette observation de Rumi qui révèle ce que je considère comme une vérité essentielle :

La voie spirituelle déchire le corps, pour ensuite le ramener à la santé. Et elle détruit

1. Citation reproduite avec la permission de la Elisabeth Kübler-Ross Foundation.

la maison pour déterrer le trésor, et avec ce trésor la reconstruit meilleure qu'avant[1].

Cela a été mon expérience, quand je regarde en arrière et que je vois comment j'ai effectué mon virage de l'ambition vers le sens. Toutes les chutes cachaient un trésor en moi, qui n'aurait servi à rien si ma « maison » n'avait pas été détruite. Ces tempêtes de la vie ont contribué à forger le corps du travail que des millions de lecteurs et d'auditeurs apprécient.

Chacun des personnages dans le film *The Shift* fait l'expérience de « déterrer l'ego » avant leur propre virage vers une vie ayant plus de sens. David, le réalisateur, quand il fait face à un échec qui détruit sa vision de la réussite. Chad, le directeur général, qui est confronté à la colère de sa femme enceinte et risque son mariage à cause de la position de son ego. Puis, il y a Quinn et Jason, un couple ayant deux jeunes fils. Jason se débat avec la possibilité de devenir temporairement homme au foyer, afin d'aider Quinn à combler son désir d'être artiste. Toutes ces chutes, petites ou catastrophiques, sont des expériences susceptibles d'être des moments décisifs, qui élèvent la conscience de ces individus vers un lieu où le sens et la raison d'être deviennent les pierres angulaires de leur vie.

1. *Rumi : Daylight*, traduit par Camille et Kabir Helminski, publié par Shambdhala.

Chacune des composantes de l'ego a des exigences entièrement différentes de celles de la source de notre être. L'Esprit nous appelle à la maison, dans le parfait alignement avec notre Créateur ; l'ego se déplace à grande vitesse dans la direction contraire. Nous devons nous rapprocher de l'Esprit si nous souhaitons faire demi-tour tandis que nous sommes encore en vie… et apprécier pleinement l'après-midi de la vie.

Se préparer à faire demi-tour

Le Bhagavad Gita nous dit : « Nous sommes nés dans le monde de la nature ; notre deuxième naissance est dans le monde de l'Esprit[1] ». Dompter l'influence de l'ego est le début de cette seconde naissance. En apprivoisant l'ego, nous suscitons le soutien et l'aide de notre esprit originel, et nous commençons à remarquer des coïncidences dans notre vie. Les gens dont nous avons besoin apparaissent, les circonstances se réunissent de manière à nous aider sur la voie de notre dharma, le financement devient disponible comme jamais auparavant, etc.

Dans les mots de Patanjali, « Les forces, les facultés et les talents latents se manifestent et vous découvrez que vous êtes quelqu'un de bien

1. *50 Self-Help Classics : 50 Inspirational Books to Transform Your Life*, de Tom Butler-Bowden, publié par Nicholas Brealy Publishing.

plus formidable que vous ne le croyiez ». Ce grand philosophe hindou parle de ce qui se produit lorsque nous adoptons une mentalité spirituelle pour remplacer celle dominée par l'ego : ce qui semblait jusque-là inexistant prend soudain vie. C'est là le résultat du changement de direction de la vie et du fait de savoir *vers* quoi nous allons.

La chose la plus importante à faire pour désamorcer l'influence de l'ego consiste à nous proclamer *prêts* ! Rappelez-vous ce proverbe : « Quand l'élève sera prêt, le maître apparaîtra ». Les professeurs et les enseignements sont toujours là, tout au long de notre vie. Mais quand c'est l'ego qui dirige, les enseignants passent inaperçus. Une fois que nous reconnaissons vraiment être prêts à vivre intentionnellement une vie remplie de sens, il y a très peu à faire. Nous commençons à vivre dans un monde différent de celui que notre ego commandait. Comme je l'ai écrit et dit souvent, « Lorsque nous changeons notre façon de regarder les choses, les choses changent. »

Pour résumer, voici ce qui se passe quand l'ego fait demi-tour et se dirige vers notre lieu d'origine :

Résumé en sept étapes de notre demi-tour

Nous prenons la responsabilité de nous-mêmes

Le moi de l'ego s'est toujours concentré sur le pouvoir extérieur. En nous tournant vers l'Esprit, nous replaçons le besoin de l'ego d'influencer les situations extérieures ou les autres en favorisant plutôt la responsabilisation personnelle. Nous cessons les batailles constantes de l'ego, pour aller vers le sens. Nous faisons cette démarche grâce à la curiosité consciente pour la compassion, en nous concentrant d'abord et avant tout sur notre moi intérieur. La non-interférence devient une plus grande priorité que d'avoir raison ou de dominer les autres.

Nous nous voyons connectés à chacun

L'ego se sent à part et distinct des autres, un être en lui-même. En retournant vers l'Esprit, nous reconnaissons le lien avec tous. Le principe de vivre avec une raison d'être consiste à penser comme Dieu, car la source créatrice de toute vie est justement cela, c'est-à-dire responsable de toute la vie. Nous partageons tous la même source et avons le même destin. Nous percevoir comme faisant partie de chacun élimine le besoin de rivaliser avec qui que ce soit.

Nous sommes motivés par l'éthique, la sérénité et la qualité de vie

L'ego est motivé par les réalisations, la performance et les acquisitions extérieures. En retournant vers l'Esprit, nous faisons bifurquer notre motivation vers des intérêts plus intérieurs. Notre préparation à vivre avec un sens comporte un changement majeur d'attitude : nous allons dans la direction de la paix, de la franchise et de l'aide aux autres.

Nous allons vers la possibilité, et même l'attente, de miracles comme faisant partie de la vie

En retournant vers l'Esprit, l'investissement de l'ego dans une interprétation scientifique de cause à effet de la vie ne signifie plus grand-chose. Nous reconnaissons la présence du mystère et de l'insondable, et nous renonçons au scepticisme en nous fiant moins à nos sens et davantage à notre intuition.

Nous pratiquons la méditation

L'ego fuit la pratique de la méditation et qualifie souvent celle-ci de perte de temps, ou pire, de pure folie. En retournant à la source de notre être, nous recherchons le silence pour nous connecter consciemment à Dieu comme composante naturelle d'une vie pleine de sens.

Nous commençons à nous reconnaître dans la beauté et la subtilité de la nature

L'intérêt de l'ego à l'égard de la beauté de la nature est minime. En retournant vers l'Esprit, notre intérêt pour les miracles de la nature n'a plus de fin. Il s'ensuit notre préférence pour vivre en harmonie avec cet univers plutôt que d'exercer de l'influence et du pouvoir sur lui.

Nous posons moins de jugements, nous comprenons mieux les choses et pardonnons davantage

L'ego est plutôt inflexible au sujet de l'importance de chercher vengeance. En retournant vers la Source, nous apprécions les occasions de pardonner. Chercher et réaliser vengeance, de même que pratiquer les représailles nous empêchent d'avoir une raison d'être et de vivre avec un sens. Nous devenons vraiment sensibles au fait que nous ne définissons pas les autres par nos jugements, mais nous les définissons simplement comme des gens ayant besoin de juger.

*
* *

Ces sept distinctions entre les ambitions de l'ego et le désir de vivre avec un sens pourraient facilement se multiplier par centaines. Essentiellement, le processus qui consiste à effectuer un virage vers le sens suppose de reconsidérer notre rôle dans ce mystérieux et magnifique univers depuis une perspective spirituelle. Nous reconnaissons notre désir d'avoir plus de sens et de raison d'être, et prenons conscience que l'ego est incapable de combler ce besoin. Exprimés personnellement ou non, nous ne pouvons pas réaliser l'authenticité à partir du faux soi qu'est l'ego.

Cela est illustré de façon divertissante par les histoires personnelles de David, Chad et Quinn dans le film *The Shift*. Nous constatons leur frustration de *lutter* sans cesse, la voie de l'ambition dans une vie dominée par l'ego, et les observons faire le virage vers le sens et découvrir la joie d'*arriver*. Dans le film, l'ego perd son influence, au fur et à mesure que chacun des protagonistes se lasse de toujours lutter sans jamais arriver.

Une indication que nous sommes rendus à l'étape du « vers » dans le processus de virage est lorsque, à l'instar des trois personnages principaux du film, nous commençons à nous lasser de l'angoisse existentielle de constamment lutter et de ne jamais arriver. Notre vision du monde change, quand nous permettons aux moments quantiques de capter et de garder notre attention.

Les moments quantiques peuvent bouleverser la vie

Je discute des moments quantiques dans le film, ainsi que du fait qu'ils ont été signalés par des milliers de gens ayant fait l'expérience d'un virage dans la conscience de la vie. Ces gens sont passés d'une perspective de la vie, dirigée par l'ego, à une vision plus équilibrée spirituellement, et ils sont devenus des êtres plus authentiques.

Il y a quatre qualités qui nous aident à reconnaître un moment quantique, celui recelant le potentiel de nous faire accéder à notre moi authentique. Dans leur ouvrage, *Quantum Change : When Epiphanies and Sudden Insights Transform Ordinary Lives*, les auteurs William R. Miller et Janet C'de Baca affirment que « *le changement quantique est une transformation personnelle vivace, surprenante, bienveillante et durable* ». (Prendre note que les italiques sont une courtoisie des auteurs de *Quantum Change*.)

Ce qui suit est ma façon de voir ces quatre qualités – dans un ordre légèrement différent – par rapport au virage de l'ambition vers le sens.

Surprenante !

Il peut sembler paradoxal de planifier d'être surpris, mais tout le monde dit que les moments quantiques sont inattendus, non invités et imprévus. C'est là que la synchronicité et le hasard heureux collaborent pour nous surprendre. C'est comme si nous nous abandonnions et nous laissions porter par la vie. Nous devenons l'élève qui est prêt et, de fait, le maître apparaît. Toutefois, une chute précède habituellement.

J'ai déjà parlé dans le présent chapitre des chutes qui se produisent avant tout progrès spirituel. L'Univers semble fonctionner de cette façon, et je pourrais donner de nombreux exemples de ma propre vie. Comme je l'ai déjà mentionné, ma décision définitive de vivre sans alcool a comporté un moment quantique qui m'a totalement pris par surprise.

Ce matin-là, j'ai été réveillé à 4 h 07 par une voix, un léger parfum de roses dans la pièce et une sensation très nette de me trouver en présence de l'énergie divine. Il semblait y avoir une douce brise dans ma chambre et tandis que j'étais cloué sur place avec la chair de poule, j'étais en même temps ahuri par ce qui se passait. La voix m'a dit que j'en avais terminé avec l'alcool et qu'il serait facile d'y renoncer.

Nous sommes maintenant deux décennies plus tard, et je peux témoigner en toute franchise que ce que la voix m'a dit était parfaitement vrai : je n'ai plus jamais été tenté par l'alcool. La surprise a été totale. Depuis que j'ai effectué le virage en direction de l'Esprit, j'ai eu, au fil des ans, bon nombre de ces surprises qui ont attiré mon attention et m'ont conduit vers une plus grande conscience spirituelle.

Vivace !

Ces moments quantiques qui chamboulent la vie se caractérisent également par leur extrême intensité. Même encore aujourd'hui, je peux me rappeler chaque détail du moment quantique spectaculaire qui s'est produit, quand j'ai renoncé à l'alcool. Les draps sur le lit, les vêtements suspendus sur la porte du placard, une petite bande dessinée collée sur le miroir de ma commode, le pot de pièces de monnaie, la couleur des murs, une égratignure sur ma tête de lit... tout est aussi net qu'il y a 20 ans. Il me semble que lorsque l'Esprit se manifeste, il crée un point d'exclamation pour souligner tout l'épisode. Le caractère saisissant de cet instant demeure à jamais.

Bienveillante !

La troisième qualité de ces moments quantiques est qu'ils sont bienveillants. Par exemple, l'aventure matinale que je viens de raconter a été l'un des plus beaux moments de paix et de béatitude de ma vie. Le confort qui m'a enveloppé m'a donné l'impression d'être bercé dans les bras d'un Créateur aimant et généreux. Durant des années, je me suis interrogé sur ma dépendance à prendre quelques bières tous les soirs. J'essayais de me rappeler une seule journée sans en avoir avalé une pour me rendre compte qu'il n'y en avait pas eu depuis 10 ans, et peut-être plus. Je me disais que ce n'était pas une dépendance, puisque je n'étais jamais ivre et que je n'avais jamais mis quiconque en danger en conduisant après avoir consommé.

Toutefois, au fond de moi, je savais que j'étais dépendant de cette consommation de bière et que cela était susceptible de causer des dégâts dans ma vie. Mais j'ai continué quand même, jusqu'à ma chute et le moment quantique. À ce jour, je considère cette rencontre matinale avec je ne sais quoi comme l'un des moments les plus heureux et sereins de ma vie. L'expérience de la bienveillance d'un moment quantique m'a conduit vers un monde entièrement nouveau où le sens a remplacé l'ambition de l'ego.

Durable !

La quatrième caractéristique d'un moment quantique est qu'il reste à jamais. La vérité durable de mon exemple est que j'en suis à ma troisième décennie de sobriété. Si j'avais continué sur ma voie d'autrefois, il est fort probable que je n'aurais pas vécu assez longtemps pour vous en parler aujourd'hui.

Lorsque nous sommes dans le processus de transformer notre vie, afin qu'elle reflète le sens plutôt que l'ambition de l'ego, nous vivrons un moment quantique surprenant, vivace, bienveillant et durable. Ce moment restera gravé dans notre conscience sous la forme d'une image vivace inoubliable. J'ai entendu certains le comparer à une douche tiède circulant dans tout notre être et dont la gracieuse empreinte dure pour l'éternité.

Comment la vie change après un moment quantique

Mes livres précédents étaient presque entièrement consacrés à fournir des outils psychologiques aux lecteurs désireux d'utiliser des approches efficaces et pleines de bon sens pour régler leurs problèmes. Il n'y a aucune référence à Dieu ou à une puissance supérieure dans les 15 premières années de ma carrière. Aujourd'hui, mes valeurs et mon écriture reflètent le virage de l'ambition vers le sens, que j'ai effectué plus tard dans ma vie et ma carrière d'écrivain. Si j'avais essayé de vivre l'après-midi de ma vie en fonction du programme du matin, j'aurais vécu dans le mensonge, comme le souligne Carl Jung dans la dernière phrase de la citation qui ouvre le présent chapitre.

Avant ces moments quantiques, ma vie était conditionnée beaucoup plus par mon ego.

J'aurais réagi comme les hommes et les femmes qui ont participé aux recherches signalées dans *Quantum Change* : après leur avoir demandé de définir l'effet des moments quantiques sur leur vie, les auteurs ont conclu que leur système de valeurs était souvent complètement bouleversé.

Les cinq valeurs les plus importantes pour les hommes avant leur moment quantique étaient : « la richesse, l'aventure, l'accomplissement, le plaisir et être respecté. » J'interprète ces valeurs comme celles du « matin », avant le virage de l'ambition vers le sens. Je ne porte pas de jugement là-dessus, car ces valeurs sont celles que l'ego croit importantes et nécessaires pour réussir dans la vie.

Les hommes apprennent très tôt qu'ils doivent gagner de l'argent et que leur valeur dépend de combien ils accumulent. Les hommes qui arrivent à l'âge adulte dans une société qui insiste sur l'ego partagent tous les mêmes valeurs. Un homme pense qu'il doit devenir riche, vivre l'aventure, réaliser quelque chose à tout prix et rechercher le plaisir en faisant en sorte d'être la personne la plus importante à tous égards, surtout en matière d'intimité. « Moi d'abord. Tant que j'ai du plaisir, tout va bien. » Et le besoin d'être respecté à tout prix explique les conflits qui font rage dans ce monde dominé par les mâles.

Ce que ces mêmes hommes (et je m'inclus) signalent comme valeurs premières, après un moment quantique, est l'un des principaux messages de ce livre. La priorité absolue pour ces hommes est une valeur qui ne figurait pas dans la liste, alors qu'ils étaient au matin de leur vie : la spiritualité. C'est exact, en nous dirigeant vers l'après-midi de la vie, la spiritualité arrive en tête de liste. En fait, *Quantum Change* souligne que les cinq caractéristiques auxquelles le même groupe d'hommes accorde la première importance sont : « la spiritualité, la paix intérieure, la famille, la volonté de Dieu et la franchise. » Il est facile de comprendre pourquoi un moment quantique peut être perçu comme un bouleversement total ! Il s'agit d'un virage complet des exigences de l'ego vers le retour aux vraies valeurs correspondant au désir de vivre comme Dieu le souhaite, dans la paix, la famille, l'amour et l'honnêteté personnelle.

Pour les femmes, le virage qui consiste à s'éloigner des messages de l'ego du matin de la vie est tout à fait fascinant. Lorsqu'on leur demande d'établir la priorité de leurs valeurs avant le moment quantique, celle qui vient en tête est *la famille*. Rien de surprenant à cela, car les femmes ont été programmées à croire que d'être une mère, une fille, une épouse surpassent tout le reste. Je ne veux pas dire par là de dénigrer le rôle féminin de mère, de fille, de sœur, de grand-mère, etc., mais plutôt d'ajouter foi au fait qu'une femme représente davantage que d'être la servante de quelqu'un d'autre. Chaque femme a un dharma personnel. Pourtant, très souvent, elle le relègue au second plan, au profit de ses rôles d'ordre familial.

Les quatre autres plus importantes valeurs avant le moment quantique étaient : « l'indépendance, la carrière, s'adapter et être attirante physiquement. » Cette attitude est très bien démontrée dans le film, lorsque Sarah décrit le conflit auquel les femmes sont confrontées. Elles veulent être de bonnes mères, mais l'indépendance et la carrière sont quand même au sommet de la liste de leurs valeurs. En outre, avant leur expérience quantique, elles classent « s'adapter » et « être attirante » comme des priorités très importantes. Mais après avoir effectué le virage dans l'après-midi de la vie, lequel est souvent favorisé par une surprenante expérience de moment quantique, les femmes indiquent que leurs valeurs prennent une tout autre saveur.

Selon *Quantum Change*, après un moment quantique, « l'épanouissement personnel » arrive en tête dans la liste des femmes, suivie de « l'estime de soi, la spiritualité, le bonheur et la générosité », cinq préoccupations qui ne figuraient même pas au matin de leur vie. Au fur et à mesure que les participantes à l'étude prenaient conscience de leur nature spirituelle, leur conception d'elles-mêmes commençait à se transformer. Auparavant, la spiritualité et l'estime de soi n'étaient pas considérées comme des valeurs importantes. Mais après leurs moments quantiques, elles entrevoyaient un tout nouveau système de valeurs et étaient dirigées dans une nouvelle direction : l'après-midi de la vie, avec un sens.

Je félicite William R. Miller et Janet C'de Baca pour leurs recherches révolutionnaires et je vous recommande chaudement de lire leur livre. Je vous garantis que vous le trouverez fascinant.

*

*   *

Il convient de terminer ce chapitre intitulé « vers », qui signifie la nouvelle direction de notre vie lorsque nous sommes ouverts au virage, avec les derniers mots de la citation de Carl Jung : « car ce qui était grand le matin sera petit le soir et ce qui était vrai sera devenu un mensonge ».

Notre vie et celle de ceux que nous influençons seront dépourvues de tout mensonge, quand nous nous dépouillerons de notre faux moi pour passer à l'après-midi et au soir de la vie. C'est le sujet du dernier chapitre intitulé « le sens ».

CHAPITRE 4

LE SENS...

La vie n'a pas de sens... À moins qu'elle ne serve un dessein au-delà d'elle-même ; À moins qu'elle n'ait une valeur pour quelqu'un d'autre. »

(Abraham Joshua Heschel)

La seule possibilité de donner un sens à son existence, c'est d'élever sa relation naturelle avec le monde à la hauteur d'une relation spirituelle.

(Albert Schweitzer)

Nous voici rendus à la fin, qui ironiquement se révèle identique au lieu d'où nous venons. Notre but dans ce voyage de l'ambition vers le sens était de retourner à nos origines et, dans les mots de T. S. Eliot, « connaître ce lieu pour la première fois ».

Nous venons d'un lieu inexistant, mais rempli de sens. À la naissance, nous avons adopté un faux moi qu'on appelle l'ego et passé une partie de notre vie à satisfaire les ambitions de celui-ci. Puis, nous avons fait un virage pour entreprendre le chemin du retour vers nos origines. Nous voici dans l'après-midi de la vie, le lieu où, pour paraphraser la citation d'Emmanuel mentionnée précédemment :

> *Votre esprit ne connaît pas le chemin Votre cœur est déjà passé par là… Et votre âme ne l'a jamais quittée. Bienvenue dans votre maison*[1].
>
> (Traduction libre)

Une fois arrivés à la maison, chaque inspiration est l'expression du sens de notre vie. Nous ne luttons plus pour gagner, obtenir l'approbation des autres, répondre à leurs attentes, accomplir ce qu'ils ont prévu pour nous, acquérir des biens, réaliser ou accumuler. Nous lâchons prise sur les conflits, la certitude, le besoin d'avoir raison, de nous battre, de dominer, de vaincre et de nous sentir supérieur. Tout ce qui compose l'ego perd son pouvoir et son attrait lorsque nous rentrons à la maison, où le sens nous accueille.

Il y a plusieurs années, après une conversation avec mon ami Ram Dass, j'ai écrit ceci : « Toute ma vie, j'ai voulu être quelqu'un. Maintenant, je suis finalement quelqu'un, mais ce n'est pas moi. » J'ai lutté pour devenir cette personne que tout le monde admirait pour les forces de son ego, ses grandes réalisations, sa prospérité et une maison remplie de plaques

---

1. *Hua Hu Ching : The Unknown Teachings of Lao Tzu*, de Brian Walker, publié par HarperCollins.

d'honneur… et pourtant j'en suis venu à réaliser que ce n'était pas moi. Les composantes de l'ego étaient bien installées, mais j'avais beaucoup de chemin à faire, avant de pouvoir vraiment dire « Je vis mon dharma. J'ai un but et ma vie a un sens ».

La citation d'Abraham Heschel, au début du présent chapitre, explique ce qui manquait. Il note que la vie ne peut avoir un sens « à moins qu'elle ne serve un dessein au-delà d'elle-même ; à moins qu'elle n'ait une valeur pour quelqu'un d'autre ». Cette personne que je voulais être – et qui, au dire de tous, je suis effectivement devenue – n'était pas mon moi authentique. Je suis arrivé dans ce monde, comme vous et tout le monde, sans rien posséder. Je quitterai ce monde de la même façon, sans rien emporter. Ma conclusion ? Comme nous ne pouvons pas conserver ce que nous réalisons ou accumulons, la seule chose que nous puissions faire avec notre vie, c'est de la donner.

Albert Schweitzer, un homme que j'admire beaucoup, explique dans la seconde citation qui ouvre ce chapitre que la façon de donner du sens à la vie consiste à élever notre conscience à un éveil spirituel plutôt que matériel. Cela signifie d'apprendre à penser comme Dieu, ce sur quoi j'insiste tout au long du livre et dans mon film. C'est *là* le grand virage : s'éloigner de l'ego et retourner à l'unité de l'esprit, tout en restant vivant et en éliminant le faux soi.

Se préparer à une vie pleine de sens

Comment vit-on dans ce lieu où l'ego n'existe pas ? Comme vous vous en doutez, Lao-tzeu nous fournit quelques indices à ce sujet.

D'abord, il indique ce qu'il faut pour avoir un sentiment de paradis sur Terre, qu'il qualifie d'« immortalité » :

> *Les techniques mystiques pour atteindre l'immortalité sont révélées seulement à ceux qui ont dissous tous les liens au royaume des basses réalités terrestres de la dualité, du conflit et du dogme. Aussi longtemps que vos vaines ambitions terrestres existeront, la porte ne s'ouvrira pas*[1].

Si nous ne pouvons pas au moins enclencher ce processus, autrement dit, nous restons aux prises avec les frustrations de l'ego, et la porte de l'immortalité ne s'ouvre tout simplement pas. Pour vivre une vie qui a un sens, nous sommes tenus d'éradiquer l'ego et de dissoudre nos liens avec ce que Lao-tzeu appelle « le monde des 10 000 choses ». Voici son conseil :

> *Lorsque vous réussissez à connecter votre énergie au royaume divin grâce à un niveau de conscience élevé et à la pratique d'une totale vertu, la transmission des subtiles vérités suprêmes suivra*[2].

1. Ibid.
2. Ibid.

En coupant nos liens avec le monde matériel et en nous connectant simultanément au royaume divin, nous avons l'occasion de recevoir de la guidance au-delà de nous-mêmes.

Nous savons alors ce qu'une vie ayant un but et un sens signifie au quotidien. Ce n'est jamais au sujet de l'ego.

Lao-tzeu connaissait cette vérité il y a 2 500 ans, et Jésus nous l'a rappelée 500 ans plus tard dans les enseignements du Nouveau Testament : une vie pleine de sens célèbre la perfection de nous-mêmes et de la nature – nous sommes alors en harmonie avec tout, et tout le monde autour de nous. Mais cet état harmonieux ne peut être réalisé lorsque nous adoptons les caractéristiques de l'ego. Pour être en mesure d'accéder à une vie d'esprit et de sens, nous devons renoncer à l'ancienne. Voilà un concept que l'ego se chargera de ridiculiser, et il fera le maximum pour nous convaincre de ses conséquences désastreuses.

*

* *

Le soi authentique se demande : « Comment puis-je être utile ? » Tandis que l'ego, lui, dit : « Donnez-moi, donnez-moi, donnez-moi, j'ai besoin d'encore plus et je ne suis jamais satisfait. » Quand nous écoutons la voix de l'ego, l'Univers nous offre des expériences qui correspondent à l'énergie des demandes de ce dernier. Cela peut ne pas sembler évident au départ, mais en y prêtant attention, on peut observer clairement que cette énergie crée de la pression, de l'anxiété et du stress. Pourquoi ? Parce qu'en nous alignant sur l'ego, nous choisissons de vivre dans un environnement exigeant. Nous n'avons simplement pas réalisé que nous avons le choix d'unir nos forces avec nos idéaux authentiques et de vivre dans un environnement non exigeant. La Loi de l'attraction universelle fonctionne dans les deux sens !

Plus nous demandons à l'Univers, plus on nous demande en retour. Plus nous donnons, plus nous recevons. Il s'agit vraiment de l'énergie attitudinale que nous générons nous-mêmes. Penser systématiquement avoir besoin de plus attire cette énergie vers nous. En revanche, lorsque nous générons systématiquement des pensées de donner, nous attirons l'énergie de *recevoir en retour*.

Lao-tzeu dit :

> *Il est tout à fait possible d'atteindre l'immortalité et de profiter d'une joie et d'une liberté absolues pour toujours. La pratique d'une totale vertu est le moyen d'y arriver.*
>
> *En pratiquant la gentillesse et le désintéressement vous alignez naturellement votre vie sur la Voie Intégrale*[1].

The Shift est une interprétation contemporaine de cet enseignement ancien. J'espère vous

1. *Quotationary*.

transmettre que le sens ne peut être réalisé par l'intermédiaire de l'ego et de ses moyens égoïstes, mais plutôt via la partie de vous qui est désintéressée. Dans le verset ci-dessus, Lao-tzeu parle de « vertu totale ». C'est la voie vers la liberté et la joie qui caractérisent une vie ayant une raison d'être.

Les quatre vertus cardinales qui constituent votre nature originelle

Il y a un livre que j'aime beaucoup, intitulé *Hua Hu Ching : The Unknown Teachings of La Tzu*, de Brian Walker. Dans ces pages, Lao-tzeu cite quatre vertus cardinales qui font partie de notre nature originelle. Celles-ci doivent être pratiquées pour pouvoir connaître la vérité de notre univers et réaliser une vie pleine de sens, dans notre enveloppe corporelle actuelle.

Bien que Brian Walker ait réalisé un travail remarquable dans son livre, j'aimerais parler plus amplement de chacune d'elles. Les voici accompagnées d'une explication détaillée :

Le respect à l'égard de tout ce qui est vivant

Nous commençons la vie de cette façon, mais nous permettons ensuite à l'ego de nous engager dans la complexité. Ses exigences retirent la joie de nos journées, car chercher sans cesse à aller quelque part ou à acquérir davantage est une entreprise épuisante. Finalement, en désirant le sens, nous retournons au lieu de notre nature originelle. Il semble que ce genre de retour ait incité Voltaire à faire l'observation suivante :

> « Chacun commence toujours par la simplicité, arrive ensuite à la complexité, puis, par illumination supérieure, revient finalement à la simplicité. Ainsi va l'intelligence humaine[1]. »

Lorsque nous retournons à « nos origines », nous sommes galvanisés par l'émerveillement. Le mystérieux est bien accueilli plutôt qu'évité, et nous découvrons un plaisir renouvelé dans les activités les plus simples. Nous ne voulons plus que les autres soient autrement que ce qu'ils sont. Dans la phase du sens de notre vie, nous écartons les complexités que l'ego nous a imposées, et le respect que nous éprouvons prend souvent la forme de l'émerveillement devant la nature. Nous découvrons le grand bonheur d'écouter le souffle du vent, d'observer les tempêtes se déchaîner et d'apprécier les abeilles et les papillons transporter le pollen des fleurs.

La première vertu cardinale se manifeste sous la forme de l'amour et du respect inconditionnels pour nous-mêmes et les autres. Lorsque nous respectons tout ce qui est vivant, le désir de nous interposer, de dominer ou de contrôler est inexistant. Nous sommes d'accord avec ces jolis mots du poète Robert Frost : « Nous

1. *Hua Hu Ching*.

aimons les choses que nous aimons pour ce qu'elles sont ». Lorsque nous pratiquons cette première vertu cardinale, nous ne demandons pas aux gens (ni à quoi que ce soit, d'ailleurs) de vivre suivant nos attentes, ce qui est ce que l'ego adore faire.

Il y a deux façons d'avoir le plus haut bâtiment en ville. L'une est celle de l'ego, qui consiste à détruire ceux qui sont plus élevés. Le problème avec cette méthode est que cela crée un conflit permanent. Les gens n'aiment pas voir leurs réalisations détruites ou dépréciées ! La colère est leur première réaction, suivie par la force, laquelle entraîne une réplique et bientôt, la guerre fait rage. Ainsi va l'ego : aucun respect pour les réalisations des autres, mais uniquement un besoin de rivaliser et de sortir victorieux pour proclamer sa supériorité. En fait, l'ego est toujours à l'affût de celui assez téméraire pour essayer de le surpasser.

La seconde façon d'avoir le plus haut bâtiment en ville est celle de l'esprit, qui propose le sens au lieu de l'ambition. Cette façon nous incite à mettre l'énergie dans notre propre bâtiment et à respecter les efforts des autres à faire de même. Le besoin de rivaliser ou de triompher n'existe pas, ni celui de vouloir utiliser la force, car celle-ci entraîne toujours une riposte.

Le respect pour la vie sous toutes ses formes signifie l'amour et le respect de toutes les créatures de Dieu, la planète et l'univers aussi. Lorsque nous pratiquons cette première vertu cardinale, nous sommes en paix avec le monde et avec nous-mêmes. À l'étape du Sens, nous cessons de lutter pour être plutôt simplement nous-mêmes, dans le grand Tao.

La sincérité naturelle

La deuxième vertu cardinale concerne l'honnêteté dans notre vie quotidienne. Cela ne signifie pas nécessairement de nous abstenir d'enfreindre les règles ; nous sommes plutôt enclins à jouir d'une existence caractérisée par l'authenticité.

Au cours de la période de l'ambition dirigée par l'ego, c'est notre faux moi, celui qui n'est pas authentique, qui se charge de tout. Notre conception de qui nous sommes est basée sur l'approbation d'autrui et l'accumulation, la réalisation, l'obtention de la mise en valeur de notre identité comme emblème de notre supériorité. Il est impossible d'être véritablement sincère, si nous tentons d'être autrement de qui nous sommes vraiment, ce qui se produit lorsque c'est l'ego qui dirige les opérations.

Comme William Shakespeare l'indique dans *Hamlet* : « Dieu vous a donné une image et vous vous en fabriquez une autre. » Lorsque vous modifiez votre image, pour qu'elle corresponde à celle que l'ego souhaite, vous perdez votre aptitude à être naturellement sincère. Cette qualité se manifeste quand vous permettez aux autres de vous connaître, sans craindre, ni vous inquiéter, de la façon dont vous êtes perçu. Votre discours et votre comportement envoient le message suivant : « C'est ainsi que je suis. Je suis venu dans ce monde avec la mission de remplir un destin que je ne laisserai jamais taire. »

Cette phrase provocatrice, attribuée à l'auteur pour enfants, Dr Seuss, met en évidence la signification de la deuxième vertu cardinale : « Soyez vous-même et dites ce que vous pensez, parce que ceux que cela intéresse n'en seront pas dérangés, et ceux que cela dérange ne sont pas intéressés ». C'est tellement vrai – ceux qui s'intéressent à vous ne se soucieront pas de votre sincérité naturelle. Ils seront ravis que vous ayez choisi de vivre avec un but et un sens. Ils vous souhaiteront de faire l'expérience de la joie d'explorer tout ce que vous êtes, plutôt que de lutter pour arriver quelque part et de devenir quelqu'un d'autre.

Je parle souvent avec des gens qui sont tristement à côté de leur véritable nature. Ils décrivent leurs frustrations et leur insatisfaction à l'égard de leur emploi, maugréent contre les costumes et les cravates qu'ils sont obligés de porter, les horaires de travail et leurs collègues. En général, ces personnes ne sont pas honnêtes avec elles-mêmes, car elles vivent d'après des facteurs qu'elles pensent définir. Bien entendu, si on leur demande si elles sont honnêtes, elles vous assurent qu'elles le sont. Mais la vérité est que leur vie est souvent dépourvue de sens, et elles n'ont pas le sentiment de remplir le dharma pour lequel elles sont sur Terre.

Je propose toujours aux hommes et aux femmes dans cette situation de réfléchir à cette citation de Thoreau, qui encourage la sincérité naturelle : « Lorsque quelqu'un avance avec confiance en direction de ses rêves et se comporte pour vivre comme il l'avait imaginé, il connaîtra une réussite inattendue ».

Ne vous demandez pas ce dont le monde a besoin ; ne vous demandez pas ce que les autres pensent que vous *devriez* faire de votre vie. Demandez-vous plutôt ce qui vous anime, car ce dont le monde a besoin plus que tout, ce sont des hommes et des femmes qui ont trouvé ce qui les rend vivants. Ce dont le monde a réellement besoin, c'est de la sincérité naturelle de ceux qui vivent leur passion d'une façon qui incite les autres à vivre mieux. Voilà à quoi ressemble d'être authentique… et, à mon humble avis, c'est ce que Lao-tzeu voulait dire, quand il a qualifié cette deuxième vertu cardinale de la sincérité naturelle quelque chose qui se manifeste comme « l'honnêteté et la détermination d'être fidèle au soi réel et authentique. »

La douceur

La troisième vertu cardinale, pour vivre dans le sens, concerne la gentillesse et la considération pour les autres. Comme vous le savez à présent, ce n'est pas le genre de l'ego. Le faux soi rôde constamment en cherchant à exercer son pouvoir sur les autres, puisqu'il se sent à part. Le faux soi est également menacé par la nature compétitive de toutes ses relations avec les autres, et son besoin d'exercer la force vient de là. Ensuite, la réplique inévitable survient lorsque les ego entrent en collision.

Notre moi authentique, lui, ne se sent pas menacé par les autres, car il n'accepte pas le concept d'être distinct. Cela étant, notre désir d'avoir une vie sensée nourrit un sens d'unité avec tous les autres êtres. Ce sentiment de connexion va dans le sens de la compassion ; ultimement, nous allons vers les autres avec douceur, humilité et gentillesse, parce que nous sommes revenus à notre nature originelle. Dans les mots du docteur Martin Luther King fils : « Nous sommes pris dans un réseau inéluctable de mutualité ; coincés dans un seul vêtement de destinée. Tout ce qui affecte une personne directement affecte tout le monde indirectement ».

Impossible de connaître le sens tant que nous restons concentrés sur la violence. Penser à conquérir et à vaincre les autres, même pour des raisons impérieuses, nous empêche d'exprimer la douceur de notre nature originelle. Comme le dit le Tao-tê-king :

Les armes sont les instruments de la peur
Un homme honnête les évitera.

Les armes ne se limitent pas aux instruments de la mort ; elles peuvent aussi être les paroles que nous prononçons, et les actes que nous posons. En prenant conscience de l'importance de la douceur dans une vie pleine de sens, nous voyons comment elle nous conduit vers l'Unité. Lao-tzeu et Jésus ont tous deux observé la guerre constante entre les peuples et les communautés, et nous ont exhortés à suivre notre nature plus élevée, si nous aspirons à la compréhension et à la raison d'être dans nos vies.

Combien de gens ont péri à cause de la cruauté des hommes, le travail du faux soi ? Et dans quel but ? Tant de victimes innocentes, dans d'anciens villages, ont été massacrées à cause d'une lutte pour savoir qui allait diriger les terres, occuper le haut de la colline ou posséder le royaume. Un regard sur l'Histoire révèle des siècles de violence, dont le XXe est le pire de tous. Et où en sommes-nous, aujourd'hui ? Avons-nous enfin trouvé le moyen de vivre ensemble dans l'harmonie, l'Unité, comme notre nature originelle nous implore de faire ? Nous fabriquons des armes et les entreposons dans des silos et des sous-marins, afin de pouvoir exterminer la vie sur notre planète, pour les siècle à venir. Cette absurdité résulte du grand nombre parmi nous qui n'agissent qu'en fonction des directives de l'ego.

Nous devons effectuer le virage et nous éloigner de ces ambitions perverses de l'ego. Il faut nous diriger vers une existence qui ait davantage de sens pour nous tous sur Terre. Si nous faisons le virage et exprimons la gentillesse et la douceur tout en excluant la violence, nous sentirons la différence au cours de notre vie. Nous nous sentirons enfin de retour à la maison, avec des pensées et des gestes correspondant à la source de notre être. Nous ressentirons une réelle raison d'être, de même que la joyeuse authenticité d'une vie basée sur le sens.

L'appui

La quatrième vertu cardinale nous informe que nous sommes éternellement appuyés dans le processus de vie authentique. En lâchant prise sur l'ambition que l'ego nous a imposée, nous nous détendons dans le sens qui soutient notre vie. L'appui se manifeste en aidant les autres sans rien attendre en retour, ni récompense, ni même un « merci ». C'est la composante absolue du sentiment d'avoir une raison d'être. C'est la manière la plus sûre d'apprendre à penser comme Dieu, qui était la motivation principale d'Albert Einstein dans ses tentatives de comprendre le mystère de la création. Lorsque nous nous percevons comme divins, des expressions individualisées de Dieu, nous sommes plus enclins à vouloir comprendre comment la force créatrice opère.

« Que fait Dieu avec Ses mains ? », « Demande-t-Il un traitement spécial ? », « Demande-t-Il de l'aide ? », « S'attend-Il à ce que nous lui soyons reconnaissants ? », « Conserve-t-Il des choses pour Lui-même ? », « S'inquiète-t-Il de la façon dont Son travail est jugé ? ». Voilà des questions qui proviennent du faux soi, des questions pour lesquelles nous créons des mythes et des histoires en guise de réponses. Pourtant, la véritable réponse à ces questions rhétoriques est la suivante : « La seule chose que Dieu fait avec Ses mains, c'est de donner, créer et offrir encore et encore. C'est tout. »

La quatrième vertu cardinale nous dit que notre nature originelle – notre raison de vivre – ressemble au Soleil. Si nous demandions au Soleil pourquoi il nous éclaire, il répondrait sûrement : « C'est dans ma nature d'éclairer ». La seule chose que nous puissions faire avec la vie, c'est de la donner. Tout le reste, en termes de réalisations ou d'acquisitions, ne signifie rien dans le contexte de notre raison d'être à titre d'êtres spirituels faisant une expérience humaine. Nous n'attirons pas ce que nous voulons, mais plutôt ce que nous sommes. La prière de saint François d'Assise dit clairement que « c'est en donnant que nous recevons ». Donner nous aligne avec la façon dont la source de notre être agit et, en conséquence, l'Univers nous offre des expériences qui correspondent à notre nature généreuse et de soutien.

J'ai décrit plus tôt la façon dont l'Univers réagit avec la même vibration d'énergie que celle que nous lui envoyons. « Comment puis-je être utile ? » est l'énergie de soutien que nous lançons dans l'Univers et que nous recevons en retour. Nous voyons la beauté de cette approche de la vie, non pas dans ce que nous attirons, mais dans le merveilleux sentiment de contentement qui remplace nos exigences ambitieuses et égocentriques. Nous vivons le sens de la vie.

Pour citer de nouveau Shakespeare, j'aime beaucoup l'observation qu'il fait dans *Henri IV*, acte III :

> *Ma couronne est dans mon cœur, et non sur ma tête ; elle n'est pas ornée de diamants ni de pierreries indiennes ; elle n'est pas visible : ma couronne s'appelle résignation ; une couronne que rarement les rois possèdent !*
>
> (Traduit par Victor Hugo)

L'une de mes héroïnes personnelles est Mère Térésa, qui a passé les dernières années de sa vie à enseigner aux autres et à les servir. Elle a fait remarquer, un jour, que « L'amour ne peut pas exister en lui-même, sinon il n'a pas de sens. L'amour doit être mis en action, c'est-à-dire au service des autres ». Ces mots m'ont inspiré et aidé à effectuer le virage loin des ambitions de mon ego, qui consistaient à me servir moi-même, pour aller vers une vie dominée par le service aux autres.

Aujourd'hui, ma vie est presque entièrement consacrée à servir les autres, d'une façon ou d'une autre. Chaque jour, je commence par dire « Merci », dès le réveil. Cela me garde dans un état de gratitude pour tout ce que je reçois, ainsi que pour l'occasion qui m'est donnée de vivre au service des autres. Comme l'a déclaré le célèbre poète Rumi, de Sufi, « Si vous ne faites qu'une seule prière par jour, choisissez de dire merci ».

Avant de commencer ma journée, je m'efforce de faire quelque chose pour quelqu'un d'autre. Comme je reçois beaucoup de courrier, j'envoie souvent un livre ou un DVD de *The Shift*, un ensemble de CD ou un DVD d'une émission spéciale de PBS, quelque chose qui puisse rendre la vie agréable à un parfait étranger, quelque part dans le monde. En affranchissant le colis, j'ai beaucoup de joie à l'idée que cet envoi d'amour-surprise transmettra le message à une personne, comme quoi il y a des gens qui se soucient des autres, et j'en fais partie.

Souvent, je téléphone à quelqu'un dont j'ai entendu dire qu'il est en deuil d'un être cher ou qui est malade, à l'hôpital. À d'autres moments, je mets un peu d'argent dans une enveloppe, à l'intention de l'une des nombreuses personnes qui offrent leurs services dans ma communauté. Si je suis en voyage, je cherche les femmes de chambre de l'hôtel, qui me servent de façon anonyme et je les surprends en leur faisant cadeau d'une somme inespérée. Je ne signale pas ce que je fais pour obtenir de la reconnaissance, mais afin de vous donner des exemples concrets de ce que signifie faire un virage vers le sens, dans la vie quotidienne.

Il existe une multitude de façons de pouvoir donner. Peu importe la manière, le principe consiste à prendre l'habitude de remplacer l'attention qu'on porte à soi-même par l'attention aux autres. Nous devons pratiquer une certaine humilité radicale, chercher à servir les autres, garder l'ego à l'écart... et le faire sans aucune attente.

Je suis beaucoup plus minimaliste que lorsque ma vie était dominée par les souhaits et les exigences de mon ego. J'ai maintenant beaucoup de plaisir à réduire mes acquisitions. Je fais souvent le tour de mes placards, de ma bibliothèque et de mes objets personnels pour en donner, sans même attendre de remerciements. J'ai besoin de très peu en termes d'objets de luxe ; en fait, plus j'épure mon environnement, mieux je me sens. Comme je l'ai dit précédemment, je ne passe pas une seule journée sans me consacrer à soutenir et à servir les autres. L'ironie est que plus je donne – et plus je dépense du temps, de l'énergie et de l'argent à servir les autres –, plus je reçois en retour. Tout circule, car sans l'attachement de l'ego à mes affaires et à mes revenus, plus je reçois et plus je peux donner davantage.

Je dois cependant me rappeler constamment cette quatrième vertu cardinale, car l'ego est très tenace et n'accepte pas de se retirer élégamment. Il surgit de temps en temps pour me dire de penser à moi d'abord, de conserver ce que je reçois et de m'attendre à être amplement remercié, et à recevoir des manifestations de gratitude pour être un homme si merveilleux. Il me dit que je ne peux pas me permettre d'aider les gens ou de faire des choses pour les autres que mon moi supérieur souhaite que je fasse.

L'ego me dit « Tu ne peux pas te permettre d'être si généreux, Wayne. Tu as travaillé fort pour avoir ce que tu possèdes. Il n'est pas nécessaire de donner autant d'argent à la femme de ménage de l'hôtel, un ou deux dollars suffisent. Cesse d'agir ainsi et pense d'abord à toi. » Ces messages de l'ego reviennent sans cesse. Je m'imagine parfois ranger mon ego dans une boîte que je scellerais, et sur laquelle je m'assoirais, pour l'empêcher de refaire surface et de m'éloigner de mon engagement à vivre avec un sens en pratiquant ce que j'ai appris de mère Térésa et que je répète « L'amour doit être mis en action, c'est-à-dire au service des autres ». Je me rappelle que l'amour n'a pas de sens si je le laisse seul et que je me concentre sur moi.

Je me souviens de Ram Dass, qui m'a dit que les années passées à mettre son ego de côté et à s'occuper de sa mère, de son père et de sa belle-mère, ainsi que des sidéens et des cancéreux ont été les plus satisfaisantes et sensées de sa vie. Il transportait son père du lit aux toilettes, le nettoyait et le réconfortait, sans jamais sentir que c'était une corvée. En fait, mon ami a qualifié cette période de la plus belle occasion de sa vie. Se dévouer à aider, et à apporter son soutien, lui a permis de bien saisir le sens réel de l'avertissement de Lao-tzeu à vivre cette quatrième vertu cardinale.

Nous pouvons tous prendre l'habitude de vivre sur la base du service aux autres, sans rien attendre en retour, en adoptant simplement la pratique de l'humilité radicale. C'est l'une des principales composantes des gens très évolués.

Il suffit d'observer comment la nature se comporte : l'océan ne grossit pas et gagne pourtant une immense force. C'est parce que les fleuves et les cours d'eau finissent tous par s'y rendre. Comme nous le rappelle le Tao-tê-King :

Tous les fleuves se jettent dans la mer parce qu'elle est plus basse qu'ils ne sont. L'humilité lui confère sa puissance.

Si tu veux gouverner les gens, tu dois te placer au-dessous d'eux. Si tu veux mener les gens, tu dois apprendre à les suivre.

Les arbres ploient sous le poids des fruits mûrs, les nuages se chargent d'eau de pluie, et les chefs nobles se courbent gracieusement. Voilà la voie du sens et de la raison d'être. En pratiquant l'humilité radicale, nous envoyons un message ferme à l'ego, suivant lequel notre intention est le sens et la raison d'être dans notre vie, et que nous allons donc mettre en pratique ces quatre vertus cardinales :

Les quatre vertus ne forment pas un dogme extérieur, mais un ingrédient de votre nature originale. Lorsqu'elles sont mises en pratique, elles engendrent la sagesse et évoquent les cinq grâces : santé, richesse, bonheur, longévité et paix.

Ces caractéristiques décrivent les gens qui ont transcendé leur faux soi et vivent entièrement dans le sens. Ceux-là ne sont pas tourmentés par des questions comme « Et si j'avais été dans l'erreur toute ma vie ? » Ils ont effectué le virage vers un niveau plus élevé.

Passer de l'ambition vers le sens

Il existe un merveilleux proverbe turc qui correspond de façon concise au message de ce livre. Il dit : « Peu importe que vous vous soyez trompé de voie, même longtemps, faites demi-tour. » Il importe peu d'avoir avancé longtemps sur la voie de notre faux moi. Nous savons quand celle-ci ne nous conduit pas vers le sens et la raison d'être, et il est alors possible d'admettre que ce n'est pas la bonne. La prise de conscience que notre vie manque de sens est une preuve plus que suffisante qu'il est temps de faire demi-tour.

Voici trois des choses les plus importantes à surveiller au moment de prendre le virage vers une vie ayant plus de sens et de raison d'être :

Le virage du sentiment d'avoir le droit à l'attitude d'humilité

Voilà un virage d'envergure, loin du modèle habituel de pensée de l'ego, qui nous dit que nous avons des *droits*, sans égard aux conséquences sur les autres ou la planète. En fait, nous n'avons *aucun droit*. Néanmoins, la croyance de l'ego au sujet de sa propre importance nous maintient dans un perpétuel état de frustration. Ce genre de mentalité provoque une colère généralisée à l'égard du monde et de beaucoup de gens qui en font partie.

Le sentiment d'avoir des droits est une façon de penser irritante qui crée des tensions. Il apparaît indifférent, vaniteux et uniquement préoccupé par le soi. Les directives que nous donnons à nos jeunes enfants, choyés et dominés par l'ego, sont précieuses quand nous prenons conscience de la suprématie de l'ego. « Penses aux autres et pas seulement à toi-même », « Partage tes jouets » et « Traite les autres comme tu voudrais être traité » et autres conseils du même acabit sont bons à suivre pour nous tout autant, lorsque nous entreprenons le virage de l'ambition vers le sens. Il faut cesser de penser que le monde nous doit quelque chose. La célèbre phrase du président John F. Kennedy « Ne vous demandez pas ce que le pays peut faire pour vous, mais plutôt ce que vous pouvez faire pour votre pays » est un éminent rappel de nous diriger collectivement vers l'humilité et de cesser de croire avoir des droits. Nous devons vivre depuis un lieu de réalisation divine et non pas dans l'égocentrisme.

Entreprendre le virage vers l'humilité ne signifie pas de baisser les bras ni d'être faible. Il s'agit plutôt de penser à servir les autres, avant soi-même. L'humilité est la voie du service, elle nourrit la raison d'être qui donne une dimension de sens à nos vies. Lorsque nous remarquons que nous pensons à ce à quoi nous avons droit, nous pouvons nous rappeler que nous sommes dans la mauvaise voie. C'est alors que nous pouvons trouver le moyen de revenir à l'humilité et sur la voie de faire l'expérience du sens.

Lorsque nous nous demandons « Comment puis-je vouloir pour quelqu'un d'autre davantage que ce à quoi je pense avoir droit ? » cela peut contribuer à suspendre ce sentiment de droit, même juste un instant. La raison d'être s'épanouit par la pratique de l'humilité radicale et non pas par ce à quoi nous croyons avoir droit.

Le virage du contrôle vers la confiance

Si nous sommes francs avec nous-mêmes, chacun sera d'accord pour dire que nous connaissons la partie de l'ego qui contrôle et dirige nos vies et tente avidement d'en faire autant avec les autres. Que ce soit à l'égard de la famille, des amis, des collègues de travail ou même des étrangers, l'ego accepte régulièrement la tâche de mettre Dieu de côté et de jouer le rôle du manipulateur en chef. Lorsque nous nous orientons dans une direction différente, nous prenons conscience de l'inutilité de tenter de contrôler qui que ce soit, ou quoi que ce soit. Nous reconnaissons ce besoin d'interférence comme étant la manifestation égocentrique de notre faux moi.

Il y a eu une époque dans ma vie, par exemple, où je ressentais le besoin de prendre la responsabilité de la plupart des conversations. Maintenant que j'ai fait le virage du contrôle vers la confiance, j'écoute désormais la conversation et les opinions exprimées. Je suis satisfait d'observer tranquillement les autres, même quand ils endossent le rôle de leur faux soi, selon ma perception. Je peux sourire intérieurement en songeant à certains choix de mes enfants dans la vie, lorsque je ne suis pas d'accord. Le virage du contrôle vers la confiance a augmenté ma capacité à ne pas m'interposer.

Au-delà de mes interactions personnelles avec mes amis et ma famille, au sens plus large, je fais davantage confiance et je contrôle moins. Au fond de mon cœur, je sais que c'est Dieu qui écrit mes livres, prononce les discours et établit les ponts. Lorsque la confiance remplace le contrôle, mettre Dieu de côté n'a plus d'attrait. « Tout ce que j'ai vu m'enseigne à faire confiance au Créateur pour tout ce que je n'ai pas vu » sont peut-être les mots de Ralph Waldo Emerson, mais ils s'accordent si bien à ma pensée qu'ils pourraient être les miens. J'ai entièrement confiance en la sagesse de l'Univers et de sa source créatrice.

Avec la confiance, nous reconnaissons notre propre sagesse. Nous nous souvenons que nous venons de la même Source et que, par conséquent, nous devons être semblables au lieu d'où nous venons. Nous pouvons faire confiance à la Source pour nous guider, plutôt que de tout gâcher à cause des exigences de l'ego concernant notre reconnaissance personnelle, et la croyance en notre supériorité. La confiance nous laisse écouter plutôt que contrôler. Écouter nous permet de nous détendre confortablement, sachant que la source créatrice s'occupe de tout à la place de notre piteux ego. Passer du contrôle à la confiance est tellement important dans notre cheminement.

Dans le film *The Shift*, je relate comment j'ai trouvé la voie qui correspondait à l'appel de mon âme. J'y suis arrivé en écoutant ce que je ressentais au fond de moi, plutôt que ce que mon ego me disait sur la façon de capitaliser ma réputation en écrivant des livres pour gagner plus d'argent. En faisant confiance à mon enthousiasme intérieur, j'ai été capable d'effectuer un grand virage dans ma vie, c'est-à-dire délaisser la psychologie pour écrire plutôt au sujet de vivre avec une orientation spirituelle. Ce changement, loin de l'ambition de l'ego, qui avait tenté de contrôler ma carrière d'écrivain et de conférencier, m'a mis sur la voie du sens.

Lorsque vous vous libérez de l'emprise de l'ego, à quoi faites-vous confiance ? Il existe trois bornes à surveiller sur ce chemin. Ce sont la confiance en vous-même, la confiance en les autres et la confiance en la source de notre être. Voici une brève explication de chacune :

La confiance en vous-même

Cela signifie entendre les paroles de votre âme. L'intuition est habituellement une voix fiable, sous toutes ses formes. Mahatma Gandhi a expliqué ainsi sa perception de l'intuition :

Quelle est la vérité ? Voilà une question difficile, mais en ce qui me concerne, il s'agit de ce que la petite voix intérieure nous dit.

La confiance en les autres

Cela signifie de s'interposer le moins possible. Chacun a l'Univers en lui. Faire confiance aux autres libère de l'obligation de vous interposer. Dans les mots de Lao-tzeu, dans *le Tao-tê-King* :

> *Souhaites-tu rendre le monde meilleur ? Je ne pense pas que cela puisse se faire.*
>
> *Le monde est parfait. On ne peut le rendre meilleur. Si tu es négligent envers lui, tu le détruiras. Si tu le traites comme un objet, tu le perdras.*

La confiance en la source de votre être

Cela signifie de faire confiance au mystère de la création. La source universelle de toute la création, bien qu'elle soit invisible, vous guide dans la vie, tout comme elle a guidé votre développement dans le ventre de votre mère. Lorsque vous faites confiance à l'intelligence divine, vous collaborez et favorisez le virage vers le sens.

Le virage de l'attachement au détachement

Peut-être que les plus grandes leçons de ma vie ont tourné autour du slogan du mouvement de rétablissement : « Lâcher prise et s'en remettre à Dieu », une notion qui comporte d'abandonner l'attachement de l'ego à quelque chose ou à sa crainte de quelque chose. Pour la plupart d'entre nous, au matin de notre vie, le plus gros attachement consiste à vouloir avoir raison ! Pour l'ego, rien ne vaut d'avoir raison, ce qui rend d'autant plus importante la pratique de lâcher-prise.

Je doute sérieusement que quiconque qui lit ce livre ne se soit jamais engagé dans des arguments au sujet de futilités, qui se sont transformés en désaccords, ce qui a eu pour effet la voie de la colère. Et tout cela, à cause du besoin, du désir, d'avoir *raison* ! Il se peut qu'avec le recul, nous trouvions amusant de réaliser aujourd'hui que notre crainte d'avoir tort était alors si forte que l'opinion de quelqu'un d'autre pouvait renforcer ce sentiment non voulu. La stratégie de l'ego consistait à avoir raison coûte que coûte, une manœuvre très réussie qui nous distrayait de l'objectif essentiel. Lâcher prise sur le fait d'avoir raison est un exercice relativement simple.

Le choix de lâcher prise et de s'en remettre à Dieu, dans une quête pour éliminer notre désir d'avoir raison, est simplifié dans ces quelques mots : « Tu as raison à ce sujet. » Mais gardez à l'esprit que la gentillesse et la sincérité sont nécessaires, par opposition au sarcasme et à la fausseté. Ces mots ouvriront graduellement la porte vers la voie qui conduit à penser à lâcher prise et à s'en remettre à Dieu, afin de connaître plus de sens dans notre vie.

Une autre façon de mettre en pratique le détachement consiste à faire le ménage du garage, des armoires et des placards. Défaites-vous de vos possessions matérielles et habituez-vous à ne plus y être attaché. Si vous ne vous en êtes pas servi depuis un an, c'est que quelqu'un d'autre pourrait en bénéficier. Nous pouvons nous entraîner à faire partie de « ceux » que Joel Goldsmith décrit dans son livre *A Parenthesis in Eternity : Living the Mystical Life* :

> Puis il y a ceux qui atteignent le stade dans lequel ils se rendent compte de la futilité de cette lutte et de ces efforts constants pour les objets qui périssent, ces choses qui, une fois obtenues, se révèlent n'être que des ombres. C'est à ce stade que certaines personnes délaissent cette quête des choses extérieures pour une quête d'eux-mêmes de la part de Dieu.

La plus grande partie du stress vient de nos croyances qui nous incitent à lutter pour obtenir plus, parce que l'ego refuse obstinément de croire que nous n'avons besoin de rien. Lorsque nous effectuons le virage, l'influence de l'ego disparaît doucement. Nous remplaçons l'attachement par le contentement. Courir et lutter, puis nous attacher à ce pour quoi nous avons lutté, est une source d'anxiété qui revigore l'ambition, mais qui ne satisfera certainement pas le besoin de sens au niveau de notre âme. Tout ce après quoi nous courons finit par nous éloigner de notre nature originelle. Toutes nos possessions sont destinées à périr. Ce sont des ombres, comme le fait remarquer Goldsmith.

*

* *

Lorsque nous nous dirigeons vers notre moi authentique, tous les virages, dans ce chapitre, sur le sens deviennent des façons d'être naturelles. Les nouvelles attitudes nous procurent du bien-être, et nous remarquons que les exigences égocentriques que nous avons laissé dominer notre existence ne nous sont plus d'aucune utilité. Le sens prédomine sur l'ambition de l'ego.

Pratiquer les quatre vertus cardinales et effectuer les virages vers l'humilité, la confiance et le lâcher-prise nous semble naturel, parce que nous rejoignons enfin notre nature originelle. Une vie remplie de sens n'est en fait qu'un simple changement de notre façon de penser.

Je termine avec les mots de Sir Laurens van der Post, qui décrit l'histoire des Bushmen africains au sujet des deux sortes de soif et de leur relation au sens et à la raison d'être dans nos vies. À mes yeux, ces paragraphes sont extrêmement symboliques à plusieurs points de vue. Relisez-les dans l'esprit du *Virage*, sachant que chacun de nous est responsable du sens que nous désirons trouver pour notre vie :

> *Les Bushmen du désert de Kalahari parlent de deux sortes de « soif ». Il y a la Grande Soif et la Petite Soif. La Petite Soif revient à se désaltérer, tandis que la Grande Soif, la plus grande de toutes, c'est la soif de sens...*
>
> *Ultimement, il n'y a qu'une seule chose qui rende les êtres humains profondément amers, c'est de s'imposer une vie sans signification...*
>
> *Il n'y a rien de mal à rechercher le bonheur... Mais pour le confort de l'âme... il existe quelque chose de plus grand que le bonheur ou le malheur, c'est le sens. Car le sens transfigure tout... Lorsque ce que vous faites a un sens pour vous, il importe peu que vous soyez heureux ou malheureux. Car vous êtes alors serein – vous n'êtes pas seul en esprit – vous avez un sentiment d'appartenance.*

(Sir Laurens van der Post, dans *Hasten Slowly*, un film de Mickey Lemle)

Je remercie Mickey Lemle de m'avoir permis de reproduire un extrait de *Hasten Slowly* :

The Journey of Sir Laurens van der Post. Pour plus de renseignements, visitez le site www.lemlepictures.com

J'adresse des remerciements particuliers à Leonard Frank, auteur du *Quotationary*, pour avoir réuni une remarquable collection de citations qui m'ont inspiré durant des années.

Les citations du Tao-tê-king proviennent de l'ouvrage *La Voie et sa vertu*, texte chinois présenté et traduit par François Houang et Pierre Leyris. Publié aux Éditions du Seuil.

Les autres citations ont été trouvées quand c'était possible. Autrement, il s'agit de traductions libres.

AU SUJET DE L'AUTEUR

Dr Wayne W. Dyer est un auteur de renommée mondiale et conférencier dans le domaine du développement personnel. Il a écrit plus de 30 ouvrages, a créé de nombreux programmes audio de même que des vidéos et a participé à des milliers d'émissions à la télévision et à la radio.

Ses livres *Un pouvoir sans limites*, *Votre mission suprême*, *Les 10 secrets du succès et de la paix intérieure*, *Vivre la sagesse du Tao*, *Inspiration*, *Changez vos pensées, changez votre vie* et *Les excuses, ça suffit !*, entre autres, ont fait l'objet d'émissions spéciales à la télévision.

Dr Dyer détient un doctorat en counseling pédagogique de l'université d'État Wayne et a été maître de conférences à l'université St. John à New York.

Site web : **www.drwaynedyer.com**

11093

Composition
PCA

Achevé d'imprimer en Slovaquie
par NOVOPRINT SLK
le 27 avril 2015

Dépôt légal avril 2015
EAN 9782290101582
L21EPEN000266N001

ÉDITIONS J'AI LU
87, quai Panhard-et-Levassor, 75013 Paris
Diffusion France et étranger : Flammarion